林蔚文
抗戰遠征日記（1942）

The Expedition Diaries of General Lin Wei-wen, 1942

民國日記｜總序

呂芳上
民國歷史文化學社社長

　　人是歷史的主體，人性是歷史的內涵。「人事有代謝，往來成古今」（孟浩然），瞭解活生生的「人」，才較能掌握歷史的真相；愈是貼近「人性」的思考，才愈能體會歷史的本質。近代歷史的特色之一是資料閎富而駁雜，由當事人主導、製作而形成的資料，以自傳、回憶錄、口述訪問及日記最為重要，其中日記的完成最即時，描述較能顯現內在的幽微，最受史家重視。

　　日記本是個人記述每天所見聞、所感思、所作為有選擇的紀錄，雖不必能反映史事整體或各個部分的所有細節，但可以掌握史實發展的一定脈絡。尤其個人日記一方面透露個人單獨親歷之事，補足歷史原貌的闕漏；一方面個人隨時勢變化呈現出不同的心路歷程，對同一史事發為不同的看法和感受，往往會豐富了歷史內容。

　　中國從宋代以後，開始有更多的讀書人有寫日記的習慣，到近代更是蔚然成風，於是利用日記史料作歷史

研究成了近代史學的一大特色。本來不同的史料，各有不同的性質，日記記述形式不一，有的像流水帳，有的生動引人。日記的共同主要特質是自我（self）與私密（privacy），史家是史事的「局外人」，不只注意史實的追尋，更有興趣瞭解歷史如何被體驗和講述，這時對「局內人」所思、所行的掌握和體會，日記便成了十分關鍵的材料。傾聽歷史的聲音，重要的是能聽到「原音」，而非「變音」，日記應屬原音，故價值高。1970年代，在後現代理論影響下，檢驗史料的潛在偏見，成為時尚。論者以為即使親筆日記、函札，亦不必全屬真實。實者，日記記錄可能有偏差，一來自時代政治與社會的制約和氛圍，有清一代文網太密，使讀書人有口難言，或心中自我約束太過。顏李學派李塨死前日記每月後書寫「小心翼翼，俱以終始」八字，心所謂為危，這樣的日記記錄，難暢所欲言，可以想見。二來自人性的弱點，除了「記主」可能自我「美化拔高」之外，主觀、偏私、急功好利、現實等，有意無心的記述或失實、或迴避，例如「胡適日記」於關鍵時刻，不無避實就虛，語焉不詳之處；「閻錫山日記」滿口禮義道德，使用價值略幾近於零，難免令人失望。三來自旁人過度用心的整理、剪裁、甚至「消音」，如「陳誠日記」、「胡宗南日記」，均不免有斧鑿痕跡，不論立意多麼良善，都會是史學研究上難以彌補的損失。史料之於歷史研究，一如「盡信書不如無書」的話語，對證、勘比是個基本功。或謂使用材料多方查證，有如老吏斷獄、

法官斷案，取證求其多，追根究柢求其細，庶幾還原案貌，以證據下法理註腳，盡力讓歷史真相水落可石出。是故不同史料對同一史事，記述會有異同，同者互證，異者互勘，於是能逼近史實。而勘比、互證之中，以日記比證日記，或以他人日記，證人物所思所行，亦不失為一良法。

從日記的內容、特質看，研究日記的學者鄒振環，曾將日記概分為記事備忘、工作、學術考據、宗教人生、游歷探險、使行、志感抒情、文藝、戰難、科學、家庭婦女、學生、囚亡、外人在華日記等十四種。事實上，多半的日記是複合型的，柳貽徵說：「國史有日歷，私家有日記，一也。日歷詳一國之事，舉其大而略其細；日記則洪纖必包，無定格，而一身、一家、一地、一國之真史具焉，讀之視日歷有味，且有補於史學。」近代人物如胡適、吳宓、顧頡剛的大部頭日記，大約可被歸為「學人日記」，余英時翻讀《顧頡剛日記》後說，藉日記以窺測顧的內心世界，發現其事業心竟在求知慾上，1930 年代後，顧更接近的是流轉於學、政、商三界的「社會活動家」，在謹厚恂恂君子後邊，還擁有激盪以至浪漫的情感世界。於是活生生多面向的人，因此呈現出來，日記的作用可見。

晚清民國，相對於昔時，是日記留存、出版較多的時期，這可能與識字率提升、媒體、出版事業發達相關。過去日記的面世，撰著人多半是時代舞台上的要角，他們

的言行、舉動，動見觀瞻，當然不容小覷。但，相對的芸芸眾生，識字或不識字的「小人物」們，在正史中往往是無名英雄，甚至於是「失蹤者」，他們如何參與近代國家的構建，如何共同締造新社會，不應該被埋沒、被忽略。近代中國中西交會、內外戰事頻仍，傳統走向現代，社會矛盾叢生，如何豐富歷史內涵，需要傾聽社會各階層的「原聲」來補足，更寬闊的歷史視野，需要眾人的紀錄來拓展。開放檔案，公布公家、私人資料，這是近代史學界的迫切期待，也是「民國歷史文化學社」大力倡議出版日記叢書的緣由。

導言

一

　　1950 年底，國防部長俞大維久滯美國未歸，袁守謙以政務次長資格代理部務已逾半載，受立法院抨擊不休，報刊開始猜想總統蔣中正屬意誰出任新部長。除了猜測著名將領孫立人或周至柔，還提到一位從未擔任方面大員的將領——國防部常務次長林蔚。在香港發行的《星島晚報》，於1950 年12 月26 日刊登一篇文章，生動地描寫林蔚在蔣中正眼中的地位：

> （蔣中正）把他當作親信看待，專門替他看守今日之國防部。國防部的部長雖不時異動，但國防部的一本細帳卻全在林蔚手上，國防部可以百日無部長，但不可以一日無林蔚。因為這位乖巧的「帷幄將軍」，他早已把國防部所有的那一本軍事細帳，吞到肚子裡去了，蔣介石無論在什麼時候問起全國軍事情況來，他常常不要檔案，不拿圖表，一口氣就回覆蔣的詢問，蔣對他的珍愛，可想而知。

　　報刊的說法，不免誇大，後來國防部長要到次年2

月才有所異動，接替人選並非林蔚，而是擔任副參謀總長的郭寄嶠。不過，的確如報刊所言，林蔚在蔣中正麾下有其特殊地位。1943 年2 月4 日除夕，蔣以親人皆不在身邊，感到「孤身獨影，蕭條寂寞極矣」，最後便約林蔚「來共餐解寂也」（《蔣中正日記》，1943 年2 月4日）。曾任林蔚下屬的於達認為，林和陳布雷一樣皆為忠臣，從不為自己打算，凡是都為委員長（蔣）打算（張朋園、林泉、張俊宏訪問紀錄，《於達先生訪問紀錄》，臺北：中央研究院近代史研究所，1988，頁116）。1955 年8 月2 日，林蔚於臺北病逝，一位過去以業務關係，曾與林蔚相往還的軍官，刊出悼念文字，也表達類似看法。他說常看到林蔚終日自早到晚，伏處辦公室中，案頭書卷盈帙，羽書檄報，絡繹不絕，林埋頭治事，從無倦容；林在國民政府投身參謀本部工作數十年，獲得蔣中正的絕對信任。這位軍官並以為，林蔚就像三國時代的諸葛亮，所有案書簿籍，事必躬親、夜以繼日地工作，甚至將死在五丈原還不肯讓軍中政事委諸部屬（《天文臺》，1955 年8 月10 日）。事實上，不僅報刊或與林有往還的人如此評價，國軍內部的人事報告，也對林蔚有相近的觀察。一份由軍事委員會委員長侍從室於1943 年做成的報告指出，林性格忠誠沉靜、公正廉明，思想極為周密、有系統，乃一極可靠有為之幕僚長，歷年來參與戎機，獻替極多，為上下所欽敬（《軍事委員會委員長侍從室》，國史館藏）。

　　林蔚既然在國軍之中有如此重要性，但一般在談論蔣中正之親近部屬，文官常提到楊永泰、陳布雷、張羣，武將常提到何應欽、陳誠、張治中，或是方面大員湯恩伯、胡宗南等人，林蔚不在其列。何以如此？其緣故或因林蔚長期擔任參謀或副手，其作為因此難以彰顯。我們觀察其簡歷，即可印證上述情況。

　　林蔚字蔚文，1889 年生，浙江黃岩人，陸軍大學畢業，早年曾擔任營、團、旅長，北伐時投入蔣中正麾下，自是展開長期參謀生涯，初始任總司令部參謀處副處長；北伐底定後，任參謀本部廳長、軍事委員會辦公廳副主任、銓敘廳廳長。抗戰之初，任第一戰區參謀長，次年改任軍令部次長兼侍從室第一處處長，爾後又曾外放擔任桂林行營參謀長、桂林辦公廳副主任、滇緬參謀團團長等職。抗戰結束前，出任軍政部次長。勝利後獲青天白日勳章，積功升至上將，出任國防部次長、參謀次長。國共內戰危局之中，隨政府遷臺，1955 年在總統府國策顧問任內過世。

　　林蔚的一生，經過國民政府的動盪時代，研究他的從軍生涯，除可豐富學界關於軍政人物的個人研究，既然他對蔣中正有如此重要性，研究林將有助於理解蔣中正的領導統御、指揮作戰。此外，從他個人切入，尚有助於深入了解國軍軍務聯繫溝通、國軍與盟軍之聯合作戰、國軍軍事組織等諸多面向，值得開展。

　　至於研究林蔚的材料，依隨著其重要性，相關史料

不可謂不多，然而比較分散，研究不易。本次之出版，
便是欲匯聚林蔚相關重要史料，提供學術研究之便利；
出版分兩冊，一冊是林蔚1941年的日記，另一冊係林於
1942年編撰之《緬甸戰役作戰經過及失敗原因與各部
優劣評判報告書》。由於二者皆與抗戰時期的遠征軍相
關，並且其內容多以紀日呈現，兩冊因定名為《林蔚文
抗戰遠征日記》，而以年代1941、1942年做區隔。

二

　　《林蔚文抗戰遠征日記（1941）》即林蔚1941年
整年的日記。經查，林蔚日記現今僅存一年，即1941年
這一年，收入國史館館藏《陳誠副總統文物》之中，卷
名〈林蔚文抗戰日記節錄〉（數位典藏號：008-010701-
00001-001～008-010701-00001-012）。所謂節錄，應係
指僅節錄1941年這一年。該年節錄依內容字跡判斷，為
後人重抄版。至於重抄版為何置於陳誠的檔案之中？與
原始內容有無出入？為何僅節抄一年或何以僅留存一年
的節抄？目前尚無從判斷。僅可知林蔚生前與陳誠頗有
交情，於公於私皆有往還，或因此林的一些資料留存於
陳誠之處，爾後隨陳誠家屬的捐贈而移轉至國史館。
　　重抄版的林蔚日記，係謄於一般日記簿，封面手錄
標題「林蔚文先生抗戰日記節錄」，內頁係一頁直排15

行，上方印有民國、年、月、日、星期、天候，共抄有一本計525頁。國史館將之數位化後，以整本日記為一卷，下依各月分成12件。

　　日記涵蓋時間之1941年，林蔚的職務依序主要為軍事委員會桂林辦公廳副主任、軍令部次長、軍事委員會駐滇參謀團主任。以下概述日記呈現的史實，俾讀者獲整體印象。

　　1941年1月，林蔚正擔任軍事委員會桂林辦公廳副主任（主任李濟琛），實際主持辦公廳業務。該辦公廳主要作用在聯繫中央與地方及推動中央政令，從林的日記，可以看到他的工作實況及其對西南事務的觀察。1月底，隨著日軍對中南半島的進逼，中英雙方軍事聯繫日趨緊密，中方遂成立「中國緬印馬軍事考察團」，赴英國東南亞殖民地實地考察聯絡，以為日後可能簽訂的中英軍事同盟作準備。林蔚已在西南多時，此際被派為副團長（團長商震），規劃出行諸項事宜。在日記之中，可以看到他們赴緬甸、印度、馬來亞、新加坡的考察過程，林並且將許多觀察記錄在日記之中，如國軍西南對外運輸的重要機構西南運輸處之情況、西南少數民族之風情，至於其對英觀察，尤值一提。林蔚對英國態度感到悲觀，赴緬前曾自記感想：「吾人近於為外交策略上之一偵探哨兵而已。英國紳士態度，非到不得已不肯說出並肩攜手的話，他（英國）認為他乃是站在援助我們的，不是出於自救的，所以吾人赴緬，他認為一種

軍事觀光，不是有所商討。」（《林蔚文抗戰遠征日記（1941）》，2月4日）考察過程，林蔚分析英軍在東南亞的作用，自記：「英國陸軍原來甚少，對遠東殖民地乃以防亂為主，防邊次之，尤其在緬甸方面為然，故軍隊數量甚少，不過一旅（若干營）及若干軍事警察隊而已，素質亦複雜，以緬印人為主，英兵不過四、五分之一，裝備亦極平常，甚或不及我國。至於邊防對敵設備向極缺乏，自不待言。」「最近以來（英國）雖感覺遠東危機日見緊迫，無如歐非方面軍事亦均甚緊張，勢不能兼顧遠東，是以增加兵力擴充部隊一層，難以辦到。其中心想望友軍之援助，亦勢所必至。」（《林蔚文抗戰遠征日記（1941）》，2月28日）凡此種種，皆可見林蔚已預想到英軍爾後與中國聯合抗日之態度與作為。

中國緬印馬軍事考察團於6月結束考察行程，林蔚返回桂林駐所，持續推動桂林辦公廳業務。過去長期任職參謀本部的林蔚，這段時間連日思考國軍陸軍大學與參謀制度，於日記有頗具價值的檢討，如分析「我國參謀何以成為高級司書之慘象」，認為歷史風氣、人事錯誤、學校教育不良等皆為因素，而以後者為主因，林對各項因素有所論述，並提出諸多改進意見（《林蔚文抗戰遠征日記（1941）》，7月10-14日）。

返回桂林辦公廳任所未久，林蔚被蔣中正召回重慶中央。自1938年以來，林已任職負責全國軍事作戰的軍令部，出任次長，然而因外派之故，僅為兼職，並未負

實際責任，自是蔣要求其返中央供職。此期間，繼中國
緬印馬軍事考察團之聯繫，中英雙方於重慶展開軍事會
談，商討英日開戰後中英兩軍之合作，林蔚參與其事。
已而第二次長沙會戰爆發，林蔚於日記詳細記載戰況，
戰後復有檢討分析。是役日後被稱為「長沙大捷」，
從林蔚日記可以看到國軍實際表現，與戰爭宣傳有所落
差。會戰之後，國軍召開第三次南嶽軍事會議，林蔚親
自參與，對會議過程記述甚詳。

　　時至1941年底，日本對英美的態度日趨險惡，極
有可能實施南進，林蔚對國際大勢有很多預測分析，這
都寫在日記之中。蔣中正以林蔚駐西南較久，並曾參加
中國緬印馬軍事考察團，對雲南周邊的戰略地位比較
了解，決定派其出任軍事委員會駐滇參謀團主任。該參
謀團係軍事委員會的派出機構，負責聯繫與指導西南防
禦，以備日軍可能到來的進攻。林蔚遂於1941年11月
建立參謀團進駐雲南昆明，實地考察雲南各地形勢與陣
地，規劃軍隊部署與防禦，並擬訂作戰計畫。12月，日
軍果然實施南進，林蔚於雲南持續指導防務，並監督遠
征軍的建立。

　　以上即1941年林蔚日記之概況，日記於是年12月
結束，惜未有次年遠征軍入緬之紀錄。幸而，林的一份
遠征軍檢討報告，補足了這段史事。

三

　　《林蔚文抗戰遠征日記（1942）》，即第一次緬甸
戰役結束以後，林蔚所編撰之檢討報告，共裝訂成三冊，
內容多以紀日呈現，類似國軍陣中日記，故本書以現稱名
之，並將三冊合訂一冊出版。

　　先是，第一次緬甸戰役國軍大敗，蔣中正於1942年
8月令林蔚將在緬各部作戰經過詳報，並擬定評判優劣各
點呈核，限月底前呈繳。（《蔣中正總統文物》，國史
館藏，數位典藏號：002-090105-00007-244）由於作戰經
過複雜，林在是年9月30日方完成此一報告。報告原標
題為《緬甸戰役作戰經過及失敗原因與各部優劣評判報
告書》，現今國史館與中國第二歷史檔案館皆有所藏，
本書係依據國史館藏本打字出版，此版本收入該館《國
民政府》檔案，卷名〈緬甸戰役得失評判〉（數位典藏
號：001-072620-00001-000 ～ 001-072620-00004-001）。

　　第一次緬甸戰役是國軍首度離開國土於異地作戰，
其勝敗對國民政府影響很大，林蔚親身參與其事。林蔚
原先以駐滇參謀團主任身分監督中國遠征軍在1941年底
的入緬工作，後以英軍顧慮甚多，遠征軍遲至1942年
2月方逐次輸送，林也跟著於3月初從雲南昆明推進到
緬甸臘戍，參謀團隨之改稱駐滇緬參謀團。蔣中正明示
參謀團的角色是指導中國入緬軍之作戰行動，並且與英
方折衝。於是，第一次緬甸戰役盟軍在戰場上有三個

高級軍事機構，一為遠征軍第一路長官部，由史迪威（Joseph W. Stilwell）、羅卓英主持，負責國軍指揮；一為英軍總司令亞歷山大（Harold Alexander）的司令部，指揮英軍作戰；一為負責協調聯繫中英兩軍的駐滇緬參謀團，由林蔚主持。

由於參謀團深度參與第一次緬甸戰役，並且遠征軍各部與重慶方面往來之電報，多數須藉參謀團經轉，這部引錄大量文電的《林蔚文抗戰遠征日記（1942）》，可說是記載遠征軍作戰極權威的史料。書中有七章，各章依序為：第一章「第五、六兩軍奉令入緬之經過」；第二章「聯合軍作戰部署之嬗變及第六六軍主力奉令入緬」；第三章「聯合軍指揮權及我入緬軍指揮系統之嬗變」；第四章「在緬英軍之兵力」；第五章「我遠征軍作戰經過」；第六章「與作戰有關之重要事項」；第七章「結論」。其內容主要是依月日記述戰況演變，附有諸多圖表，得較細緻呈現國軍作戰實況。其史料價值除得藉以詳悉遠征軍作戰過程，當中「所見」及關於後勤的敘述，更是本書一大特色。

「所見」是林蔚於《林蔚文抗戰遠征日記（1942）》各章各節之末，或是重要事項之後，反省所有失敗原因與各部之優劣。林蔚畢業於陸軍大學，長期擔任高層參謀，時常思考軍事作戰缺失，對於其親身參與的遠征作戰之所見，可說十分深刻，從各個角度，分析是役戰略、戰術與歷次戰鬥之得失。「所見」並非將作戰失敗責任推給英軍

而已，對於國軍各部包括參謀團在內的責任，都有清楚交代。至於關於史迪威的責任，長久以來為學界探討熱點，書中也有分析，然而並未突顯史迪威個人的責任。所以如此，或是因中美關係影響抗戰前途，當時對史迪威尚不宜過度指責。

《林蔚文抗戰遠征日記（1942）》另以相當篇幅，敘述遠征軍的後勤，包括補給、交通、通信、地圖、翻譯乃至於政治工作。從中可見緬人不支持國軍入緬，導致國軍運輸補給十分吃力，亦可見林蔚雖曾率考察團考察現地，遠征軍全軍仍對整個區域不甚熟悉，加之以地圖不精、翻譯欠缺，在在影響戰事之勝敗。至於通信，更是關鍵，此次國軍首次遠出國門，各部之橫向聯繫，以及各部經參謀團與重慶中央的接洽，都極需通信器材與專業人員的協助，這在書中記載相當豐富。

四

中國遠征軍的出征，為盟軍聯合作戰，關係英美列強，而作戰戰地在東南亞，與該地各不相同的國家、民族、利益相互連帶，可說是外交史、跨國史的一部分；就遠征軍事來說，其牽涉國軍的戰略、戰術、作戰效能，無疑為國軍軍事史上的一個關鍵時期。遠征軍的歷史關涉之廣，重要性之高，至今仍為學術研究重點。

除此而外，國軍軍事機構或高層參謀組織的研究，

為近來學界所發展,如張瑞德所著《無聲的要角:蔣介石的侍從室與戰時中國》(2017),或蘇聖雄所撰《戰爭中的軍事委員會:蔣中正的參謀組織與中日徐州會戰》(2018),都是以此主題為方向。

延續著學術關鍵議題,本次出版的《林蔚文抗戰遠征日記(1941、1942)》,彙整林蔚1941年的日記,以及其1942年關於第一次緬甸戰役的檢討報告書,正可提供遠征軍及國軍參謀組織研究之史料。作為研究之基礎,這項史料出版工作若能裨益於學界,實為編者之幸。

蘇聖雄　謹識
於中央研究院近代史研究所
2019 年 8 月 21 日

第一次緬甸戰役地圖

（繪製／溫心忻）

編輯凡例

一、本系列收錄林蔚將軍1941年日記，以及其於1942年
　　編撰之《緬甸戰役作戰經過及失敗原因與各部優劣
　　評判報告書》。前者主要內容係林蔚參與緬印馬軍
　　事考察團之行止、擔任軍令部次長之政務處置，與
　　擔任駐滇參謀團主任部署雲南防務之過程；後者為
　　第一次緬甸戰役國軍失利以後，蔣中正命令林蔚編
　　撰之檢討報告。

二、本系列依原書，例用民國紀年。

三、為便利閱讀，本書以現行通用字取代古字、罕用
　　字、簡字等，並另加現行標點符號。

四、所收錄資料原為豎排文字，本書改為橫排，惟原文
　　中提及「如右」（即如前）、「如左」（即如後）
　　等文字皆不予更動。

五、遇原文錯字，本書於中括號〔〕內註記正確者；原文
　　拼寫英文常有錯誤，本書視其重要性亦以中括號〔〕
　　補正。

六、漏字或補充之處，以括號加按語（編按：）表示。

七、難以辨識字體，以■表示。

八、原文提及諸多地名，尤其緬甸各地地名，迄未有統
　　一稱呼，故林蔚時以不同中文拼寫同一地名，本書
　　為呈現當時命名之複雜現象，不予改動統一。

九、林蔚日記常分點列述，惟其項次偶有不連續者，本
　　書保留原樣，不予改易。

十、本書涉及之人、事、時、地、物紛雜，雖經多方審
　　校，舛誤謬漏之處仍在所難免，務祈方家不吝指正。

目　錄

緬甸戰役作戰經過及失敗原因與各部優劣評判報告書

第一冊

謹呈委員長蔣

職　林蔚呈

緬甸戰役作戰經過及失敗原因與各部優劣評判報告書
（共三冊）

（註）所有失敗原因與各部優劣均于各章各節之末具陳「所見」，其重要事項亦有不待章節完畢即插入「所見」者。

報告 三十一年九月三十日于昆明參謀團

摘由　遵令呈報在緬各部隊作戰經過並擬定評判優劣各
　　　點呈核由

案奉鈞座手啟未刪令一元緬電開，查緬甸戰事，業已結
束，仰即將在緬各部隊作戰經過詳報，並擬定評判優劣
各點呈核，限未月（編按：八月）底前呈繳到會為要，
等因，除與緬境作戰有連續性之滇緬路作戰經過及各部
人員功過，業于七月呈報外，茲謹再將緬境作戰經過，
就本團所知者，分段敘述，並遵擬評判優劣各點如下。

第一章　第五、六兩軍奉令入緬之經過

三十年十二月八日，太平洋戰事爆發後，此時我五、六兩軍之位置及其原任務如下：

	軍部及直屬隊		
5A	96D	均駐昆明近郊，任昆明防守，並構築工事。	
	200D		
	N22D		
6A	軍部及直屬隊 93D（欠 277R）	駐開遠附近。	為滇南總預備隊。
	暫 55D	駐開遠以北地區。	
	49D	分駐滇緬路雲南驛迄保山之線，任機場倉庫之守護。	
	加強團（即 93D 之 277R 經加大編制者，後奉令改稱為劉觀龍支隊）──駐車里佛海。		

十二月十一日，奉鈞座蒸亥令一元電，其要旨如下：

1. 車里加強團即開蒙養。
2. 九三師（欠加強團）即開車里。
3. 四九師速編足一步兵團，攜帶兩月用彈藥，即開畹町，歸英遠東總司令指揮，準備向景東前進。

十二月十六日，奉鈞座亥刪令一元鼎電，其要旨如下：

1. 昆明防守任務著改由七十一軍陳瑞河部（欠卅六師）接替。
2. 第五軍即開祥雲、大理、保山地區集結，限三十一

年元月巧日（十八）集中完畢，準備入緬協力英軍作戰。

3. 第六軍（欠九三師及四九師之一團）即向保山、芒市地區集中，限三十一年元月養日（廿二）集中完畢。

4. 陳明仁部兩師著駐昆明、祥雲間地區，並以一師接替四九師防務，限三十一年元月養日（廿二）前接替完畢。

十二月廿日，奉鈞座亥皓令一亨調電，及皓戌令一亨調電，其要旨如下：

1. 四九師防務應由新廿九師接替。

2. 四九師應不待接防部隊到達，在下關集結，由英派車輸送至畹町。

十二月廿四日，奉鈞座亥哿未令一亨貼電，其要旨如下：

1. 第五、六兩軍入緬時歸杜軍長指揮。

十二月廿六日，奉鈞座亥敬午令一亨調電，其要旨如下：

1. 昨會議，英方表示第五軍及第六軍主力（欠九三師及四九師之一團）暫時毋庸入緬。

2. 希迅轉知該兩軍停止前進，並分段在昆明附近及滇緬沿線上集結待命。

3. 新廿九師仍開接滇緬路警備勤務。

十二月廿九日，奉鈞座亥儉申令一亨電，其要旨如下：

1. 第五軍勿庸入緬，必要時須向東轉用，該軍應以先頭在楚雄以東停止待命。
2. 第六軍主力亦即在昆明附近停止為宜。

三十一年一月十九日，奉鈞座子篠辰令一亨調電，其要旨如下：

1. 四九師之一團開抵畹町後，應暫勿前進，以待英方認為有作戰需要再請時，開入緬境，但可先與英方接洽，派員前往他日作戰地域實施偵察。
2. 打洛一帶供米困難，九三師之一團暫留普洱，俟運具改善後再行前開。

一月二十四日，據甘軍長轉據猛勇（MONGYAWNG）劉支隊長皓電稱：奉英總司令電召赴景東，授與該支隊在猛勇之任務，一為在湄公河西岸拒止從越南猛信（MUONGSING）向西進攻景東之敵，二為側擊從泰國沿公路向北進攻景東之敵，但以一加強團同時擔任兩方攻防之責，兵力似嫌太少，已面請其增加九三師全部，承允考慮，等語。

一月廿六日，奉鈞座子梗午令一亨調電，其要旨如下：

1. 據緬軍總司令胡敦來電，要求劉觀龍支隊即移入緬境芒波（按即猛叭，又譯猛拍克，MONGPAYAK），又九三師之一團，即開景東打洛路上之芒麻（按即孟

馬，MONGMA）。
2. 除照准外，應遵令受英軍司令指揮，以免延誤時機。

同日奉鈞座子梗申令一亨調電，其要旨如下：
1. 第六軍主力應位置于保山附近，派遣一部于國境築工。
2. 爾後即以該軍擔任國境及怒江保山之守備。

二月一日，接軍令部劉次長電話傳達鈞諭，其要旨如下：
1. 第六軍之四九師（除先派之一團），即向芒市、遮放集中，候英方派車接運入緬。
2. 該軍軍部及直屬隊，即向龍陵集中，俟四九師全部入緬後，即續行入緬。
3. 該軍暫五五師續向芒市遮放集中，其入緬時機，另有命令。
4. 該軍入緬後之集中地點，由英方規定。
5. 該軍先後入緬各部隊（含劉支隊及九三師），在該軍長入緬後，應由該軍長統一指揮，至該軍長應受何人指揮，另有命令。
6. 配屬該軍之砲兵十三團第一營，暫駐呈貢緩開。
7. 該軍向龍陵、芒市、遮放集中之部隊，准搭乘便車。
8. 滇西設防工事，將來另派部隊擔任。

二月三日，接芒市四九師彭師長卅電，略稱：英方哈蒲

生上校由臘戌來電，要求全師開駐景東，愈早愈佳，並由英方派車五百輛，每日約五、六十輛，可輸送半個團，景東指揮官為司各脫，該師受其指揮，等語。

二月六日，奉鈞座丑江亥令一亨調電，其要旨如下：

1. 著第六軍軍部即開景東，原在該地之九三師擔任由湄公河（含）至景東、景萊間道路之地區防務。
2. 四九師即開臘戌，爾後向景東、景萊間道路以西地區推進。
3. 暫五五師集中畹町，待命入緬。
4. 該軍入緬後，即歸英方指揮，甘軍長應先乘機飛臘，與胡敦將軍接洽。

同日，又奉鈞座丑支未令一亨調電，其要旨如下：

1. 第五軍各部隊應即作出發準備，以便英方要求時，能即刻開往。

二月十三日，奉鈞座丑灰午令一亨調電，其要旨如下：

1. 甘軍入緬後，應歸緬軍總司令胡敦指揮。

二月十六日，奉鈞座丑寒申令一亨調電，其要旨如下：

1. 據英代表之請求，仰光情況緊急，請續派第五軍迅速入緬。
2. 著第五軍即按二百師、九六師、軍部、新廿二師之

順序，以先頭于銑日（十六）開始汽車輸送，先向
畹町附近集中，候另令由英方派車接運入緬，全軍
應于二十日內輸送完畢。

3. 除配屬之重砲毋庸入緬外，所有野砲、戰防砲均應
隨同出發，裝甲兵團先作出發準備，視情況再決定
可否開往。

4. 為第五軍迅速入緬計，第六軍之暫五五師可暫緩
輸送。

5. 第五軍大約使用于同古、仰光附近地區。

以上係敘述第五、六兩軍關于入緬問題所奉重要命
令之梗概。我方雖決定甚早，但以英方猶豫，致使我軍行
而復止，計截至二月九日止，距太平洋戰事爆發之期已整
滿兩個月，此時西南太平洋方面，其不利于我之情況，已
十分發展，九龍、香港及北婆羅洲之文萊、菲律賓之馬尼
剌，固早經先後失陷，而與緬甸作戰最有關係之馬來亞作
戰，我友軍（英軍）亦節節敗退，于一月卅一日退入新嘉
坡，是日敵抵新嘉坡對岸之新山，二月九日敵在新嘉坡登
陸，此後戰鬥一週之久，于二月十五日新嘉坡即告陷落。
至緬甸方面，敵軍已于一月卅一日攻占莫爾門，二月八日
夜，強渡薩爾溫江，與我友軍（英軍）戰于薩爾溫江至比
林河之中間地區。然而此時我入緬國軍，第五軍固全部尚
在國內，即第六軍，除劉支隊及九三師主力已到景東地區
外，其餘亦均在國內，而且先頭雖在畹町，但其後尾則尚

在宜良也。

關于二月九日我第六軍所屬各部之詳細位置及行動，如插圖第一。

同日第五軍所屬各部之詳細位置，如插圖第二。

同日我所知緬甸方面敵友軍之情況，如插圖第三（按此項情況，事後始悉不但敵軍兵力番號完全不確，即英軍亦無三個師也）。

此外，第五、六兩軍在準備入緬時，其所轄之部隊單位及其系統，如插表第一。

第五軍準備入緬之人馬、武器數量，如插表第二。

第六軍準備入緬之人馬、武器數量，如插表第三。

所見

一、我第五六兩軍之行動，一再延誤，未能先期至緬，集中聯合力量，制敵機先（但過不在我）。

二、英方追隨情況，逐次需索軍隊，以致聯合軍雙方，事先未能就其所預定使用之兵力，共同預立全般作戰計畫，陷爾後作戰于支節應付之境（但過失亦不在我）。

三、英方最初只請求第六軍之一部協防景東地區，並不就我預定使用之全兵力，在聯合軍之性質上，提出全盤打算，以致二月三日我尚令第六軍之四九師向景東方面推進（見前丑江令一亨調電），但二月十四日仰光

情況不佳，英方忽請續派第五軍迅速入緬，我即將該軍預定使用于同古、仰光方面（見前丑寒申令一亨調電），于是第五、六兩軍之間，發生甚大之隔離，爾後在事實上我遂不得不隨情況之演進，使第六軍向西延伸，期與第五軍相啣接，以保障我主力決戰之安全。同時英方亦陸續指定或請求（經過詳後）：以四九師接防猛畔（MONGPAN）地區，以暫五五師一部接防毛奇（MAWCHI）地區，因此第六軍竟以一軍兵力擔任三百餘英里之正面，不但全軍盡數變成警戒部隊，而且景東地區之劉支隊、九三師，猛畔地區之四九師，均發生守土責任，膠著于緬泰國境，不便移動，致對最危險之毛奇、羅衣攷（LOIKAW）、雷列姆（LOILEM）公路，僅構成為該軍薄弱之一翼，伏下最後失敗之根。後來敵強大快速部隊突破第六軍之薄弱翼，直衝臘戍，既隔斷我五、六兩軍之連繫，復遮斷我主力軍之退路，使我不能在緬繼續作戰，而截至失敗為止，景東方面及猛畔方面，均未受敵真面目之攻擊也。此項過失，本團及我在緬高級指揮機關，于作戰經過中，發覺太遲，無術挽救，固屬不智，然推原其始，實由英方最初只請中國軍協助景東方面，爾後復僅于需兵之際逐步請兵，逐步安排，有以致之，以上三點，均為後來作戰失敗之重要原因，亦以見聯合軍聯合作戰之困難也。

插表第一　第五、六兩軍在滇部隊單位系統表

三十一年二月九日

```
5A 杜聿明
├─ 96D　余韶
│   ├─ 二八六團　劉有道
│   ├─ 二八七團　胡正濟
│   ├─ 二八九團　凌澤民
│   └─ 直屬部隊　未據報
├─ 200D　戴安瀾
│   ├─ 五九八團　鄭庭笈
│   ├─ 五九九團　柳樹人
│   ├─ 六〇〇團　劉少峯
│   └─ 直屬部隊　未據報
├─ N22D　廖耀湘
│   ├─ 六四團　劉建章
│   ├─ 六五團　鄧軍林
│   ├─ 六六團　謝蔚雲
│   └─ 直屬部隊　未據報
├─ 新兵訓練處　黃翔
│   ├─ 補一團　王肇中
│   └─ 補二團　資崑如
├─ 騎兵團　林承熙
├─ 砲兵團　朱茂榛
├─ 工兵團　李樹正
├─ 裝甲兵團　胡獻群
├─ 汽車兵團　洪世壽
├─ 輜重兵團之一營
├─ 通信兵營　劉農峻
├─ 高射機槍營　汪大鵬
├─ 戰防砲營　佟大芳
├─ 平射砲營　王錫福
├─ 特務營　蘇維中
├─ 消防連
├─ 駕駛連
├─ 野戰醫院　褚振芝
├─ 配屬砲十團第一營　劉屏玉
│   （奉委座卅一年三月虞令一享配
│   　電暫緩調入緬，故此部現尚在滇）
└─ 配屬砲十八團第一營
```

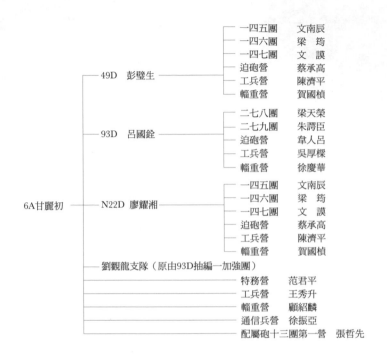

組織架構圖文字內容：

6A甘麗初
- 49D 彭璧生
  - 一四五團 文南辰
  - 一四六團 梁筠
  - 一四七團 文謨
  - 迫砲營 蔡承高
  - 工兵營 陳濟平
  - 輜重營 賀國楨
- 93D 呂國銓
  - 二七八團 梁天榮
  - 二七九團 朱諤臣
  - 迫砲營 韋人呂
  - 工兵營 吳厚樑
  - 輜重營 徐慶華
- N22D 廖耀湘
  - 一四五團 文南辰
  - 一四六團 梁筠
  - 一四七團 文謨
  - 迫砲營 蔡承高
  - 工兵營 陳濟平
  - 輜重營 賀國楨
- 劉觀龍支隊（原由93D抽編一加強團）
- 特務營 范君平
- 工兵營 王秀升
- 輜重營 顧紹麟
- 通信兵營 徐振亞
- 配屬砲十三團第一營 張哲先

附記

一、5A 部分係根據該軍卅一年一月廿七日兵力駐地表調
製之，師直屬部隊未據報，軍屬輜重兵團駐滇者僅
第三營，其餘駐廣西。

二、6A 部分係根據 1AG 卅一年一月十三日兵力駐地表
調製之，第九十三師之二七七團已編為劉觀龍支隊，
軍、師屬各野補團均在後方。

三、6A 軍部及直屬隊暨 49D、93D、劉支隊均已奉命入
緬，其暫 55D 待命入緬，惟配屬砲十三團之第一營
是否入緬尚未定（刻在請示中）。

插表第二　陸軍第五軍人員馬匹武器車輛數量統計表

三十一年二月

駐滇參謀團參一科調製

番號＼區分	人員						馬匹		
	官佐			士兵					
	編制數	現有數	待補數	編制數	現有數	待補數	編制數	現有數	待補數
軍部及直屬部隊　軍司令部	273	273		347	347		41	9	32
補充第一團	93	93		1715	1038	677	5	5	
補充第二團	93	93		1715	1366	349	5	5	
裝甲兵團	572	572		4740	3065	1675			
汽車兵團	337	337		3108	2678	430			
騎兵團	128	128		1202	824	378	208	101	107
砲兵團	250	250		2826	1237	1589	345	191	154
工兵團	195	195		2588	716	1872	213	1	212
輜重兵團	145	145		3191	2550	741	67	4	63
特務營	69	69		740	567	173			
通信兵營	101	101		530	428	102			
戰防砲營	116	116		779	533	146			
平射砲營	47	47		501	435	66	12		12
高射機鎗營	61	61		1033	386	647	170	42	128
修造工廠	74	74		895	877	18			
消防連	12	12		142	106	36			
野戰醫院	25	25		282	208	74			
軍部及直屬部隊合計	2591	2591		26234	17261	8973	1066	358	708
第二百師	546	683		11913	10607	1306	964	419	547
第九六師	546	560		11913	10613	1300	964	259	705
新二十二師	546	633		11913	10548	1365	964	204	760
全軍總計	4229	4467		61973	49029	12944	3958	1240	2718

番號 ＼ 區分	武器 槍類						
	七九步槍	六五步槍	各種手槍	七九輕機槍	七九重機槍	手提機槍	衝鋒機槍
軍部及直屬部隊	2970	277	841	113	18		3
第二百師	2500		171	176	54		
第九六師	2123		93	178	54	26	
新二十二師	2508		70	157	54		
全軍總計	10701	277	1175	624	180	26	3

番號 ＼ 區分	武器 槍類						
	（7.62）機槍	（132）高射機槍	（79）高射機槍	戰車（7.9）輕機槍	戰車（7.62）輕機槍	戰車（7.63）重機槍	信號槍
軍部及直屬部隊	49	6	12	85	125	19	33
第二百師							13
第九六師							7
新二十二師							24
全軍總計	49	6	12	85	125	19	77

番號 ＼ 區分	武器 槍類					
	（3.7）迫擊砲	（8.1）迫擊砲	（8.2）迫擊砲	（7.5）輕山砲	（7.5）野砲	德造二公分平射砲
軍部及直屬部隊			6	7	9	3
第二百師	27		30			
第九六師	9		30			
新二十二師	27	12	18			
全軍總計	63	12	84	7	9	3

番號 ＼ 區分	武器 砲類				輔助兵器類	
	德造（3.7）防禦砲	法造（3.7）平射砲	俄造（45）平射砲	（37）高射砲	二七式擲彈筒	二八式擲彈筒
軍部及直屬部隊	16	6	53	16		
第二百師					54	191
第九六師					54	178
新二十二師					72	187
全軍總計	16	6	53	16	180	556

番號＼區分	車輛					
	裝砲戰車	裝槍砲車	牽引車	載重拖車	牽引載重車	汽油載重車
軍部及直屬部隊	59	53	18	41	8	471
第二百師						
第九六師						
新二十二師						
全軍總計	59	53	18	41	8	471

番號＼區分	車輛					
	二輪車	三輪車	工程車	衛生車	其他各種車輛	
軍部及直屬部隊	265	191	390	5	4	41
第二百師						
第九六師						
新二十二師						
全軍總計	265	191	390	5	4	41
全軍車輛總計						1546

番號＼區分	備考
軍部及直屬部隊	一、附屬軍需附員雇差員及額外人員除已備案者外均未列入。 幹訓班、兵站、支部、駕駛連等單位未列入。 二、軍樂隊人員列入軍司令部欄內。 水上輪送排人員列入修造工廠欄內。 三、砲兵團在遵義接兵（補訓處新兵）一團一四〇〇名，工兵團、輜重兵團、特務營、高機營等部在徵補區接領之新兵二〇〇〇名，均在途中，尚未到達，故未列入。
第二百師	接三三補訓處裝備之一個團一四〇〇名，在途中未到，故未列入。
第九六師	在遵義接成戍師管區之一個團二一〇〇名，在途中未到，故未列入。
新二十二師	在■■接新兵五〇〇名，在途中未到，故列入。

一、本表係根據第五軍所報下列各表調製之：

人員馬匹　三十一年二月份現有人馬月報表

武器　　　三十一年九月份現有鎗砲統計表

車輛　　　三十年十一月二十四日昆明防守司令部

　　　　　兵站設施計畫附表第二

二、配屬之砲十團第一營及砲十八團第一營之人馬武器
　　本表未列入計：
　　砲十團第一營　　　官兵共五四四員名　15 榴彈砲六門
　　砲十八團第一營　　官兵共四二八員名　1.5 野砲十二門
　　　　　　　　　　　騾馬一五五匹
三、第五軍現有官兵總數五三四九六員名（在途中新兵
　　七四〇〇名未計算在內），連配屬之砲兵兩營總兵
　　五四四六八員名。

插表第三　陸軍第六軍人員武器數量統計表

三十一年二月

駐滇參謀團參一科調製

番號＼區分	人員		
	編制數	現有數	欠缺數
軍部及直屬隊	4920	2947	1973
第四十九師	12970	9859	3111
第九十三師	13006	7533	5473
暫五五師	12824	8883	3941
砲十三團第一營			
砲五二團第二營第五連			
砲五二團第二營第六連			
總計	43120	29222	14498

番號 ＼ 區分	七九步槍 現有總數	七九步槍 前方攜行數	七九輕機槍 現有總數	七九輕機槍 前方攜行數	七九重機槍 現有總數	七九重機槍 前方攜行數	手槍 現有總數	手槍 前方攜行數
軍部及直屬隊	472	382	20	20	2		20	20
第四十九師	3193		174		77		106	
第九十三師	2395	748	175	95	54	24	251	143
暫五五師	2632	1763	176	172	54	54	100	100
砲十三團第一營	95	95					12	12
砲五二團第二營第五連	15	15	2	2			7	7
砲五二團第二營第六連	15	15	2	2			7	7
總計	8817		549		187		503	

番號 ＼ 區分	信號槍 現有總數	信號槍 前方攜行數	二公分機關砲 現有總數	二公分機關砲 前方攜行數	八二迫擊砲 現有總數	八二迫擊砲 前方攜行數	3.7戰車平射砲 現有總數	3.7戰車平射砲 前方攜行數
軍部及直屬隊								
第四十九師					30			
第九十三師	12		3		30	20		
暫五五師					30	24		
砲十三團第一營								
砲五二團第二營第五連	1	1					4	4
砲五二團第二營第六連	1	1					4	4
總計	14		3		90		8	

番號 ＼ 區分	10.5輕榴彈砲 現有總數	10.5輕榴彈砲 前方攜行數	二七式擲彈筒 現有總數	二七式擲彈筒 前方攜行數	二八式槍榴彈筒 現有總數	二八式槍榴彈筒 前方攜行數	手榴彈 現有總數	手榴彈 前方攜行數
軍部及直屬隊					16	16	738	135
第四十九師			175				3100	
第九十三師			175	72			4991	2855
暫五五師			13	13	162	162	5780	5780
砲十三團第一營	6	6						
砲五二團第二營第五連							80	80
砲五二團第二營第六連								
總計	6		363		178		14689	

番號＼區分	備考
軍部及直屬隊	留後方官兵共一〇七八員名。
第四十九師	該師前方攜行之武器數量未據呈報。
第九十三師	劉觀龍支隊之人員及武器數量未列入，留後方官兵共三六二三員名。
暫五五師	
砲十三團第一營	官兵約二百二十餘員名。
砲五二團第二營第五連 砲五二團第二營第六連	兩連合計官兵約二百三十餘員名。

附記

一、本表根據第六軍三十年十一月份人員馬匹統計表及武器彈藥統計表調製。

二、劉觀龍支隊（前九十三師加強團）有官佐（146）員、兵（2817）名、輸卒（86）名、騾馬（17）匹，武器數量未據呈報。

三、出國部隊之彈藥由昆明行營兵站總監部準備四個兵站屯積基數。

第二章　聯合軍作戰部署之嬗變及第六十六軍主力奉令入緬

　　根據前章所述，可知在二月十四日以前，第五軍固未決定入緬，而二月三日，第六軍主力尚係決定使用于薩爾溫江以東地區（即景東地區）。但二月十四日，據芒市四九師彭師長元電稱：該師入緬之第一個團（147R）駐地變更至浪可（LANGHKO），其餘目的地尚未確定。

二月十九日，復據彭師長元電（遲到電）稱：該師目的地改變至浪可，二月廿二日，復據芒市彭師長篠電稱：該師師部及直屬隊預定號日抵目的地猛畔，于是第六軍配備地區，爾後遂逐漸延伸至薩爾溫江以西。

二月廿三日，在昆明奉鈞座交下總長何丑皓酉令一亨電，節開如下：

1. 本晨已令第五軍由英方接運至同古、棠吉（TAUNGGI）中間地區集中，因英方聲請該軍各部入緬後之集中位置由彼計劃，故未將部署綱領予以指示，茲遵電示，補令杜軍長應以有力之兩團進駐同古，占領陣地，確實掩護集中，其餘主力部隊可在他希（THAZI）集中，須待集中完畢後使用，切勿逐次加入作戰。

2. 第六軍一師在景東，一師在芒乃（猛畔西北方），
一師在畹町待命，分散太甚，職意五、六兩軍最好
擔任薩爾溫江或棠吉以東一方面作戰，免與英印軍
混淆，使指揮連繫困難，如杜軍必須向南使用時，
亦應待全軍集中完畢，再加入作戰。現英方似有以
師或團逐次使用之意，除面告丹尼斯注意外，擬請
轉告英方。

二月廿五日，接臘戌侯代表騰廿四日報告胡敦司令對于
我入緬軍部署情形，其內容如下（參閱插圖第四）：

1. 第六軍以五五師位置于羅衣攷（LOIKAW）地區（毛
奇北方），四九師位置于猛畔地區，九三師位置于
景東地區，任緬泰國境之守備（正面約三百餘英
里），軍直隊位置于雷列姆，軍部位置于棠吉。

2. 第五軍以一師位置于棠吉為第六軍預備隊，一師位
置于同古，一師位置于羊力賓（NYAUNGLEBIN，
同古南方七十五英里），任緬第一師與印十七師撤
退時之掩護，軍部與直屬隊位置于同古以北地區。

3. 胡敦司令擬即令第五軍派兵兩團先至同古。

4. 他希附近之梅克提拉（MEIKTILA）與瓢背
（PYAWBWE）兩地，第五軍不含，仍歸英軍駐防。

5. 胡敦司令不同意派遣連絡參謀分駐英師部或旅部，
經再三交涉，只允在緬第一師派一員。

6. 第六軍與緬第一師之作戰地境，為同古、毛奇公路

以北之線，第五軍無地境。

以上實為英方在緬最高負責軍事長官對于聯合軍整個部署第一次所表示之具體意見。

所見：

一、胡敦司令之部署，實為一全面退卻部署，故其所劃中英兩軍之作戰地境線，竟成為一橫線，其退卻目標，至少似已預定為曼德勒以北，第六軍之三個師分置于景東、猛畔、羅衣攻三地區，乃為掩護其長距離退路側背之配置，但猶慮其不能確實，再以第五軍之一個師位置于此項側背上之交通要點（棠吉），作為第六軍之預備隊，至其對于正面掩護既以第五軍之一個師位置于羊力賓構成第一掩護陣地，再以該軍之一個師位置于同古使之自然構成第二掩護陣地，最後復對正面、側面兩主要交通路之交匯點他希附近之梅克提拉與瓢背，以其自己之軍隊構成最後掩護陣地。查此時仰光尚未失守，英方即作如是打算，事後思之，吾人雖斷定我之友軍因震于新嘉坡之失陷，此時已根本消失其在緬作戰之意志，亦不為過（按二月十五日新嘉坡失陷，敵廣播俘獲英軍九萬餘人）。

二、英方既無在緬作戰之意志，即應明以告我，方無愧于赴義而來之友軍，乃不但不告，反拒絕我方派遣連絡參謀于其師旅司令部（按英方對我入緬之各軍各師，莫不派遣連絡參謀），似此，雖不能謂為有意誤我，但

至少可謂為不欲我明瞭友軍行動，藉便達到其安全撤退之目的。惟其如此，故爾後繼續與敵保持接觸，實由我之作戰意志十分堅強，被迫使然。然而根本方針，固未變更，不過僅將退卻路線掉換于伊洛瓦底江方面，故在爾後作戰經過中，雖未脫離敵人，但在其所擔任之方面，始終未行一次真面目之決戰，而且或以保衛油田為理由，或以保衛中部產米區為理由，仍然要求我主力軍向南推進，又或誇大伊洛瓦底江方面之敵情，要求我主力軍分兵向西支援，凡此種種，均不過欲使友軍掩護其安全撤退之另一方法而已。夫聯合軍在一個戰場上作戰，而友軍消失戰意，欲求不敗，抑亦難矣。

　　三、緬甸為我唯一國際交通線，無論友軍有無戰意，在我則非戰不可，新嘉坡未陷以前，我必須保持仰光海口，進而拒敵于莫爾門方面。新嘉坡既陷以後，敵之艦隊可以通過麻六甲海峽而進出于仰光海面，仰光海口已失其價值，我即應審度敵我可能使用之兵力，選擇作戰地區，以求保持中印新國際路線。當時就我聯合軍之總兵力計算，僅可當敵三至四個師，縱使友軍確有堅強戰意，亦僅能實行曼德勒會戰，反之，則我之作戰區，更應退後，使地形交通及作戰範圍，能適應五、六兩軍之兵力，以期獨力確保緬北山地，拒止敵人。不意友軍既無戰意，而復要求我軍繼續南開，以致造成重大錯誤。但本團在接到胡敦司令第一次所表示聯合軍整個部署之具體意見時，對于此等重大關鍵，亦頗有忽略之點，當

接到該報告之際，只見其既未著眼于如何擊破敵人，又未著眼于如何拒止敵人，缺乏作戰上之根本方針，認為十分軟弱之案，而竟未認識其為全面退卻之案，更未看破友軍已無在緬作戰之意思而將我軍用作掩護部隊。總之此一部署，不啻明告我曰：「我是要走的，你們來擔任掩護可也。」本團對于友軍所提之重大方案，當時未克詳加研討，更未確切判斷友軍對于作戰上之企圖，以致未向鈞座提供「絕對不能同意將我入緬各師分散配置，並絕對不同意我主力軍越過曼德勒以南」之建議，而僅欲設法使友軍擔任一方面之作戰，既強人以為其所不欲為，而我又多所遷就，一著既錯，全盤皆輸。結果，緬甸作戰，竟遭挫敗，不但軍隊損失慘重，而且中印新國際路線及滇緬路西段數年來所運存之物資，均不可保。事後痛定思痛，職等身為高級幕僚者，實不能辭其咎也。

二月廿五日

鈞座在昆明下達丑有酉電令，其要旨如下：

1. 第六軍先全部入緬，其四九師已到薩爾溫江東岸之一團，著歸九三師呂師長指揮，其四九師主力及暫五五師全部，可先集中猛畔及其附近地區。

2. 第五軍在第六軍之後續行入緬，向他希、棠吉間地區集中，但杜軍長應率幕僚人員尅日趕赴臘戍，稟承胡敦司令之命，部署作戰。

二月廿六日，侯代表騰由臘戍飛回昆明，向鈞座報告緬甸情況及胡敦司令之意見後，次日（廿七）下達命令，其要旨如下（參閱插圖第五）：

一、敵為奪取緬甸，威脅中印國際路線，將企圖占領仰光，並繼續向緬北曼德勒方面進犯。

二、我以摧破敵人企圖之目的，第五、六兩軍應即全部入緬，協同英軍作戰。

三、關于入緬部隊之指揮系統及輸送程序、集中位置，綜合規定如下：

  1. 第五、六兩軍暫歸杜軍長統一指揮，杜軍長受胡敦司令指揮。

  2. 第五軍應不待第六軍輸送完畢，即開始輸送。

  3. 第五軍之二百師，應于三月一日由現地開始輸送，急行入緬，在平滿納（PYINMANA）、同古間地區占領陣地，掩護該軍主力集中。

    第五軍主力，應繼二百師之後，續行入緬，集中于雜澤（即他希）南北地區，準備協同英軍迎擊進犯之敵。

  4. 第六軍應以九三師及劉支隊任景東方面之守備，以四九師任猛畔方面之守備，以暫五五師為軍預備隊，控置于大靠（TAKAW）、可烏特（HKOUT）、外汪（HWEWANG）間地區，軍部及直屬隊位置于雷列姆附近。

四、中英兩軍之作戰地境，應協定為恩憂村（NGAZUN）、

敏烏里（MYINUHLE）、巴尼托特（PANITOTE）、
密雅內特（MEYALETE）相連之線，線以東屬于中國
軍。曼德勒以南至同古間之鐵道應協定歸第五軍守備。
五、第六六軍之新卅八師及憲兵第廿團第一營，在第五軍
　　之後輸送入緬，任第五、六兩軍後方連絡線之維持。
　　第六六軍主力即移駐保山附近，構築邊境國防工
　　事，並準備必要時入緬作戰。

所見：

　　一、上項命令，對于英方之意見，已十分遷就，第
六軍僅暫五五師未使擔任羅衣玟地區，其餘兩師則均如
胡敦司令之希望，分別擔任景東及猛畔地區。第五軍之
各師，雖未照胡敦司令之意見于棠吉、同古、羊力賓各
地分散配置，但已如英方之期望規定該軍全部越過曼德
勒以南，且規定其先頭師推進至平滿納、同古間地區。
然而我之所希望于英者為何，其最重要之點，則僅為
劃出一條縱方向之地境線，盼其擔任一方面之作戰任務
而已。

　　二、本令對于我軍入緬作戰之根本目的，業已確
定（如第二條），同時對于作戰方針亦已確定（如第五
〔三〕條之3，規定第五軍主力集中于他希南北地區，準
備協同英軍迎擊進犯之敵），但對友軍如何行動，如何
協同，則未能有所規定，蓋由于作戰目的之不同，作戰
方針之各異，一切尚待商榷也。夫聯合作戰，不能預期

友軍之如何行動，及如何協同，則其事之難，蓋可想見，
吾人由此更可知聯合軍聯合作戰，確非易事。

二月廿七日，下午鈞座在昆明令侯騰飛返臘戍，通知胡
敦司令，其要項如下：
1. 曼德勒（不含）以南至同古間之鐵道，應歸第五軍
   守備，其以北由中英軍公用。
2. 在第五軍作戰地境內之瓢背，應歸第五軍，但梅克
   提拉可劃歸英軍。
3. 每一英軍之旅部與師部，我應派員連絡，中英作戰
   地境線為恩憂村、敏烏里、巴尼托特、密雅內特相
   連之線，線以東歸中國軍。
4. 胡敦將軍答覆上項照辦後，我第五軍使能入緬。
5. 曼德勒設兵站，如英方無兵防守，我軍可派部隊擔
   任，希望胡敦將軍決定此守備任務由何方擔任。
6. 鐵道由我方派一副司令主持。
7. 二百師于三月一日開始輸送。

三月一日，鈞座在昆明下達寅東電令，其要旨如下：
1. 查第六六軍之新卅九師缺額太多，著暫在霑益、盤
   縣間地區整補。
2. 該軍主力仍遵前令行動。

一日下午，鈞座由昆飛臘，職亦隨同飛臘，三月二日魏

菲爾將軍到臘來見。

三月三日，鈞座在臘召集職及杜、甘兩軍長等訓話，對作戰指示要點如下：

1. 魏菲爾將軍以為寇軍之不攻仰光，係因西當河渡河困難，我判斷寇軍遲遲不動之原因，在于調查我軍行動，英方情報西當河東岸之敵為二師半，我判斷只有一師，敵深知若欲對我軍作戰，至少必須有三師之兵力。

2. 三月十日為敵之陸軍節，敵將企圖于三月十日以前占領仰光，我之作戰指導，應視敵情而定，在：

   第一情況，第五軍之集中尚未完成敵即已占領仰光時，我應視敵兵力之大小，以決定我是否反攻。若敵兵力小，我可即行反攻；若敵在兩師以內，我仍可反攻；若有三師，則我反攻不易，故第五軍主力仍應在後方集中。

   第二情況，第五軍在集中期間敵人毫無行動仍停滯西當河兩岸時，則我應對培古河東岸之敵攻擊殲滅之。

   第三情況，我第五軍之主力業已集中而敵對仰光進佔時，如敵兵力為一師，我應對其反攻。

   第四情況，我第五軍主力尚未集中敵即進攻同古時，二百師應死守同古，一俟第五軍大部集中，即行反攻。

所見：

一、以上之指示，實非常重要，蓋後來發生之情況，即為第四情況，惜前方因種種關係（經過詳後）未能遵照實施，否則同古二百師不致獨力苦戰失敗，而同古、毛奇公路亦不致開放，敵之強大快速部隊即不能由毛奇、雷列姆直衝臘戍矣。

三日，因五、六兩軍之作戰任務既已大致決定，為使爾後責任分明起見，不能不劃分該兩軍之作戰地境，當召集杜、甘兩軍長商定如下：

1. 五、六兩軍之作戰地境為溝克台克（GOKTEIK）——猛旁（MPNGPAWN）——南龐河（NAMPAN）——潘大跨（PANGTAHKWA）——溫格拉（WENGRA）——沙爾溫江之線，線上屬第六軍。

2. 第六軍之暫五五師應派出一團至第五軍地域內之羅衣攷、保拉克地區，俟二百師派兵接防後，始能抽回。

三月四日，鈞座由臘戍飛回國內，職奉命留臘，並續調本團一部分人員到臘工作，遵照三月三日之訓示，指導部隊行動，並與英方折衝。同日得知我各部隊之到達位置如下：

第六軍

九三師及劉支隊　　景東地區。

四九師　　　　　　猛畔地區。

暫五五師	第一團四日可到雷列姆， 餘在臘戌待車。
軍部及直屬隊	四日可到雷列姆。
第五軍	
二百師	598R 他希。 師部及直屬隊四日由臘出發，五日 可到他希。 599R 臘戌。 600R 遮放。
新二二師	芒市以西。
九六師	芒市以東。
軍部及直屬隊	龍陵。
第六六軍	滇東及黔西一帶。

四日所知之情況如下：

1. 敵友軍在西當河隔岸對峙，數日來戰況沉寂。

2. 敵之兵力番號不明。

　　當時我對敵軍行動，固無法探知，即對友軍狀況，亦不能明瞭，且與英方待商之件日必多起，本團為執行任務並期與友軍親切連繫起見，遂在臘戌發起中英軍事聯席會報，由職主席，召集我方必需參加之人員，英方則派丹尼斯將軍及馬丁將軍相繼率其所要參加之人員，每日開會一次。然而英方對于前線戰況報告，仍多過時，常有事實發生遲至二、三日以後始行提出報告者，但此

後數日之情況，對于我軍能否安全集中，關係重大。茲
特追錄如下：

1. **三月五日**，有少數之敵渡西當河，向羊力賓、培古
   間地區西犯，曾一度將公路遮斷，經英軍由南北夾
   擊，將敵壓迫于西當河岸。

2. **三月六日**，敵約二千餘人，似附有少數裝甲
   車及戰車，侵入培古西北地區，似有向太克伊
   （TAIKKYI，在培古之西、仰光之西北，係仰光沿
   伊洛瓦底江北上鐵道上之一車站）進犯模樣，其後
   方之兵力不詳，據丹尼斯稱：羊力賓與培古間原為
   英軍之間隙，但羊力賓及培古仍在英軍手中。
   另有兵力不明之敵，由海上輸送，其中有日軍及緬
   叛軍，在仰光南海岸登陸，雙方在激戰中。

3. **三月七日**，英軍決于是日晚由仰光向普羅美
   （PROME）方向撤退，其培古之裝甲旅、六十三
   旅，將來擬取道太克伊向普羅美北撤，四十八旅在
   培古地區被圍。

4. **三月八日**，丹尼斯在會報中，判斷敵將以一部控制
   培古，其主力將由海上運來，將來英軍當退守普羅
   美，希望中國軍進守庇尤河（PYU，又譯派育，在
   培古南方約三十七英里），此時據聞同古附近駐有
   緬第一師師部及步兵三營，其前方至庇尤有三道防
   線，守兵約兩營，我二百師之599R 六日已到同古，
   600R 本（八）日可到同古，師部及598R 在平滿納，

六日戴師長曾到同古，但英軍未奉令交防，故599R
及戴師長尚均駐于同古北方約十七英里之葉達西
（YEDASHE）。第五軍直屬隊本（八）日已有一部
到臘戌，預計本月十日可到齊，其新二二師、九六
師尚均在芒市，須待軍直屬隊輸送完畢後，始能開
始輸送，杜軍長在臘戌。

本日會報協議決定：二百師以步兵兩團推進同古，
第五軍直屬騎兵團、工兵團亦行推進，並派一部至
庇尤，預定九日出發，細部由戴師長與緬一師師長
自行協定（按第五軍之工兵團及戰防砲營，實于本
八日即由臘乘火車向同古前進）。

5. **三月九日**，敵廣播已占仰光，但三月十一日會報時
丹尼斯稱：九日英軍在培古作戰，敵一部西竄被擊
退，仰光至普羅美之路仍暢通，仰光仍在我手。

基于以上情況，職曾于三月九日提出報告及建議，
其概要如下：

1. 英軍部隊必陸續向普羅美移動，其力量脆弱，難望
固守，更難望其有所活動。

2. 敵占領仰光，必從水陸兩方面增加部隊。

3. 敵占仰光後，須從事整頓，其北犯時，第一步目的
地必為曼德勒，第二步目的地為八莫、密支那或臘
戌，其兵力應為三至四個師，以分兩路前進，主力
或在伊洛瓦底江方面，于擊退英軍後，向我右後方

平滿納、他希迂迴，因此我軍右側背無保障，而守同古部隊，亦必孤立。

4. 亞歷山大將軍，初經接任，便下令放棄仰光，則其戰略方針在保持實力，逐次後退抵抗，以爭取時間，應無疑義。

5. 同古不宜過早放棄，應即以二百師全力死守，一以掩護我主力軍之集中，一以使敵軍不敢輕進，不能輕進。

6. 我第五軍主力集中位置，應有兩案：
第一案：集中他希、棠吉間地區，但美廟（MAYMYO）必須另派有力一軍控置，蓋如此則敵如深入或迂迴，我美廟與棠吉之軍可收夾擊之效。
第二案：集中美廟、曼德勒附近，此案因美廟如無他軍調來控置，故以第五軍與第六軍主力取夾擊作用，而第六軍主力（49D 主力及暫55D）須集中棠吉、他希間。

所見：

一、英軍此時已不易與敵脫離，且因鈞座劃定作戰地境，被迫須擔任伊洛瓦底江方面之作戰，故更欲我軍主力推進至庇尤河，以減經敵對普羅美方面之壓力。

二、職判斷英軍戰略方針在保持實力，難望其固守普羅美，更難望其有所活動，事後證明為判斷正確，但謂其將行逐次抵抗以爭取時間，則屬錯誤，蓋英軍此後行動

幾乎只在覓取安全撤退之方法而已。

　　三、職判斷敵占仰光後必從水陸兩方增兵，其北犯時應為三至四個師，其最後目標為八莫、密支那或臘戌，事後亦證明為判斷正確。但謂其將分兩路前進，並將置主力于伊洛瓦底江方面擊退英軍向我右後方平滿納、他希迂迴，則屬錯誤。蓋此時同古、庇尤、羊力賓均尚在我手，遂未慮及同古失守後，同古、毛奇公路業已開放，敵人應有三條作戰路線，且可由毛奇、羅衣攷、雷列姆、臘戌公路而衝至我遠後方也。此項錯誤所以發生之最大原因，實由職到臘後逐漸感覺英軍戰力薄弱，戰意消沉，于是對于伊洛瓦底江方面發生最不放心之觀念，有以致之。

　　四、由于判斷敵人作戰路線有錯誤，致所主張第五軍主力之集中位置亦隨之錯誤，僅在顧慮如何對付由伊洛瓦底江方面壓迫英軍向我右後方行迂迴之敵，而未嘗顧慮萬一同古失守後如何對付由同古、毛奇、雷列姆、臘戌公路向我左後方行包圍之敵。事後思之，當時情況，如就積極方面言，似可將第五軍全部集中同古，準備在此行一決戰，第六軍儘可能抽集若干部隊于他希、棠吉間為中英兩軍之總預備隊，如此，即可將同古、毛奇公路自然閉鎖，迫使敵人只有兩條作戰路線。但此時尚為三月九日，假使我于此時即確定將第五軍之主力集中同古，則同古、毛奇公路閉鎖後，安知敵不如我所料，竟以主力沿伊洛瓦底江北上而迂迴我之右後方乎？彼時英軍既乏戰意，而第六軍復因正面太寬，其抽集湊成之總預備隊當亦為數無幾，未

必能支止英軍之撤退，于是第五軍又將陷于進退維谷之境
矣。後來據我在滇西怒江作戰俘獲敵軍重要文件（敵第
十五軍作戰要綱），此文件係三月廿六日發出者，可知敵
擬用強大快速部隊由毛奇直衝臘戍以澈底包圍我主力軍遠
後方之作戰思想，在三月廿六日以前尚未確定也。如就消
極方面言，將第五軍之主力集中他希、棠吉間，似較穩
便，但羅衣攷、毛奇地區仍為第六軍之一薄弱翼，迨同古
失守及英軍撤退後，第五軍主力必將應付伊洛瓦底江，仰
瓦鐵道，毛奇、雷列姆公路，三方面之外線攻擊，彼時東
西兩路軍不能支，我主力無迴旋之餘地，亦屬不利，如再
行後退而集中于美廟、曼德勒地區，則必須第六軍能始終
保持雷列姆，否則敵快速部隊直衝臘戍，我又不能在曼德
勒附近決戰矣。故今日研究之結果，深覺在當時仍以維持
鈞座原案，將第五軍主力集中于他希南北地區，而建議另
將第六軍之能戰部隊儘可能抽調于毛奇地區為合理。蓋他
希、瓢背、梅克提拉一帶，為中部緬甸縱橫鐵道公路之交
叉點，實為內線作戰主力待機之最好位置，無論對于西路
伊洛瓦底江方面，中路同古、平滿納方面，東路毛奇、雷
列姆方面，均有鐵道公路同時併用，天然具備迅速機動實
行各個擊破敵人之條件，尤其對于同古方面，後來當二百
師死守同古之際，敵人對于伊洛瓦底江方面尚無積極行
動，我第五軍之主力即可遵照三月三日鈞座所擬第四情況
之指示，實行反攻，同時第六軍亦可舉其毛奇地區之部隊
由毛奇、同古道向西夾擊，如此，則我入緬軍定能在同古

地區實行緬甸戰役中之一大決戰。幸而勝，則緬甸情況立可改觀，英軍士氣亦立可復振，設不幸而敗，亦不致如後來之始終未行一次決戰，全被敵人行動所主宰，而遂及于大敗也。總之，當時在心理上以受英軍影響太大，而曼德勒、敏揚（MYINGYAN）復無兵控置，形成後方空虛地帶，遂不免發生錯誤，然此項錯誤，後來並非實際的錯誤，因第五軍之主力仍係向他希地區集中，其所以未能實行鈞座第四情況之指示者，則另有原因。惟職未建議抽調第六軍之能戰部隊一師以上位置于毛奇地區，則實為後來之實際錯誤耳。

三月十日，會報，丹尼斯聲稱：英方決定以普羅美、庇尤河之線為主陣地線，不但保護油田及中部產米區，並用以掩護毛奇鎢礦，同時復稱：亞歷山大將軍希望俟第五軍集中接防後，緬第一師即向西撤退，爾後仰瓦鐵道方面由中國軍守備。于是詢問第五軍主力之集中地將確定于何處，當時杜軍長在座，即答以原定他希，因他希無水，決改在瓢背集中，將來可派一團至保拉克（BAWLAKE，按即毛奇地區範圍內，在毛奇之東北方），丹尼斯即聲請對于庇尤之緬一師及該師駐毛奇之第十三旅由二百師就各派一連絡軍官，俾爾後交代容易。本日第六軍暫五五師之師部及師直屬隊尚在臘戍待車，我請英方早日運赴雷列姆，丹尼斯允即派車。

三月十一日，會報，丹尼斯報告情況，並提出英方之希望如下：

1. 緬第一師之一、二兩旅已南移羊力賓，準備側擊牽制敵人，因此對同古、庇尤間之地區，希望同古之二百師迅速南移接防。

2. 希望第五軍以庇尤河為主陣地，因緬第一師將來仍須向北撤退，經過第五軍防區後，再轉向普羅美方面，彼時隨緬一師之後而北進之敵，當為敵之大兵力，故第五軍主力應早赴前方構成堅固陣地。

3. 刻已發現敵有第五五師團之番號，據敵文件判斷，大致係指向同古。

4. 仰光之練油機已遷一部至喬克巴唐（KYAUKPADAUNG）及彥南揚（YENANGYAUNG）安設，自三月十二日起，每日可出三萬加侖，數日後可增加一倍，希望將來能供給緬甸及中國，惟印度工人有逃走可能，可否由中國派工人前來協助（按本項原與作戰部署無關，但在軍事上已引起一種應予保護之觀念，故仍備錄于此）。

5. 英皇家空軍在緬現有兵力，為驅逐機三十架、輕轟機十五架，正準備增加中，擬與中國入緬軍合作，其空地連絡法由中國軍規定（按後來馬格威MAGWE根據地被炸，英在緬空軍等于全部消滅，故我入緬軍始終未得英空軍之協力）。

當時杜軍長答覆如下：

1. 我第五軍直屬騎兵團及二百師之一部步兵，已于三月九日到庇尤河接防。

2. 在庇尤河有騎兵一團及一部步兵，其兵力已足完成掩護緬一師之任務。

3. 目前運輸狀況，第五軍之主力須三月廿三日始能在瓢背集中完畢，九日至十三日係運軍直屬隊，十四日起始能運新二二師及九六師，目前該兩師尚在芒市，若英方能派車則請照第二次所通知之運輸計畫提前運輸。

是日會報完畢後，接到美廟侯代表九日代電，報告英軍作戰計畫及敵情如下：

一、英軍作戰計畫：

1. 第一段，破壞仰光一切軍事工業設施，已于七日晚實施。

2. 第二段，印十七師在仰光被壓迫時，向普羅美方面撤退。

3. 第三段，印十七師占領普羅美與馬格威間地區，同時以緬第一師與我第五軍占領同古、毛奇、曼德勒間地區。

4. 我第六軍仍在原位置。

5. 英空軍以馬格威與阿洽布（AKYAB）為根據地。

二、敵情：

1. 入緬敵軍番號據報為第四師團與第十七師團，詳細位置待查（按後來證明完全不確）。

2. 據航空報告，培古北方品邦伊（PYINBON）與讓土（ZAUNGTU，培古西北約二十七英里）發見敵輕戰車約六、七十輛。

十一日下午，侯代表到臘戍面報緬第一師仍決于受敵壓迫時由鐵道北撤，經平滿納轉至馬格威與普羅美間地區，與丹尼斯在會報所稱相同。

十一日晚，商主任陪史迪威將軍抵臘，史啣鈞命來緬指揮五、六兩軍，預定次（十二）日晨赴美廟與亞歷山大將軍磋商聯合軍之部署問題。

三月十二日，上午會報，丹尼斯稱：伊洛瓦底江方面之英軍現在匝那瓦的（THARRAWADDY），將來擬退守普羅美，甚希中國軍進守庇尤河。是日下午丹尼斯趕往美廟。

三月十三日，接到昆明本團阮副團長由行營轉奉鈞座佳申機渝電，其要旨如下：
  1. 我第五軍未入緬部隊暫緩開撥。
  2. 第六六軍先開一師到祥雲、保山守備，餘兩師仍在昆東地區待命。
（按此項命令前方終未直接奉到，而此後數日內，第五軍之新二二師及九六師因在芒市待車，事實上等于暫緩開撥。）

三月十四日，綜合各方情報，得知由海上占領仰光之敵為第三十三師團。

是日會報，丹尼斯稱：昨亞歷山大將軍表示緬甸英軍決與中國軍併肩作戰到底，縱被敵壓迫，寸土尺地亦必逐步堅強抵抗，使敵人付至大之代價，希望第五軍主力迅速開至庇尤河附近。

三月十六日，奉鈞座機渝刪辰電，其全文如下：

「林次長轉史迪威參謀長、杜副長官：第五軍咨商續進部隊，照預示地點從速開往，但臘戍須暫留有力部隊鎮守。」

（僅按預示地點即曼德勒【不含】東北與美廟間地區）。

是日本團綜合全般狀況如下（參閱插圖第六）：

一、敵軍：

1. 仰光地區為敵第三十三師團，其先頭一部在太克伊南側與英軍接觸中。

2. 培古地區為敵第五十五師團，其先頭一部在羊力賓南側與英軍接觸中。

3. 毛奇東南方之帕奔（PAPUN）一帶，敵情不明。

4. 毛奇東方沙爾溫江經猛畔地區至景東地區沿緬泰國境線，敵我均為監視警戒狀態，僅三月十三日在雅的特（YWATHIT）、三月九日在猛寒（MONGHANG）有小戰鬥，但純為敵泰軍小部隊擾亂性質，經我驅逐後，旋即停止。據甘軍長先後報稱，猛寒南方地

區有日泰混合軍約三千，景邁（CHIENGMAI）至
那公藍旁（LAMPANG）之線有日軍約一萬，打其力
（THACHALEAK）南側附近有泰軍約一千五百，景
來（CHIENG RAI）至那公藍旁之線有泰軍約七萬，
又敵在泰越境內正趕築沿泰緬及越緬國境略成平行之
公路線，該公路線係對景東地區構成包圍之形勢。

二、友軍：

1. 印十七師之主力及澳六三旅、裝甲第七旅，已退至
匝那瓦底、列特帕丹（LETPADAN）之地區，其一
部尚在太克伊與敵保持接觸，該師之四八旅已由培
古地區退出與太克伊之英軍取得連絡，所有此方面
之部隊，將再行轉進至那塔林南側之線，占領防禦
陣地。

2. 緬第一師之一、二兩旅在庇尤南方之喬克塔加，其
一部在羊力賓南側之線與敵保持接觸，該師之第
十三旅（共兩營）在毛奇，所有緬一師之部隊，均
將取道同古北上經平滿納轉赴普羅美。

三、我軍

1. 第五軍直屬騎兵團在庇尤河，歸二百師戴師長指揮，
準備掩護緬一師主力之撤退，並擔任同古前方警戒。

2. 第五軍之二百師在葉達西、同古地區，該師主力（兩
團）在同古構築工事中。

3. 第五軍直屬工兵團及戰防砲營于三月八日即由臘戍鐵
道向同古輸送，計時應已早到同古，但尚未具報。

4. 第五軍直屬第一、二兩補充團（有裝備）已到瓢背，其餘直屬隊正由臘戍鐵道向他希、瓢背地區輸送中，截至三月十五日止，尚未輸送完畢。

5. 第五軍之新二二師及九六師尚在芒市待車，預定本（十六）日用汽車向曼德勒東北地區輸送，須三月廿三日以後，始能在曼德勒東北地區集結完畢。

6. 杜軍長在瓢背，此時尚未正式就任遠征軍第一路副長官。

7. 第六軍暫五五師之一團在羅衣歿，該團派出一營在保拉克任警戒，該師主力在雷列姆東面之南桑（NAMSANG），為第六軍之預備隊。

8. 第六軍軍部及軍直屬隊在雷列姆。

9. 第六軍之四九師在猛畔地區（按四九師一四七團在沙爾溫江東岸，奉命歸九三師呂師長指揮，但因該團距景東呂師長甚遠，距猛畔彭師長甚近，後來在事實上仍歸彭師長指揮，故本報告前後所稱猛畔地區係包括一四七團所守備之地區在內）。

10. 第六軍之九三師在景東地區。

四、空軍及偵察報告：

1. 普羅美至仰光間之地區，由英空軍擔任偵察。

2. 同古經培古至仰光間之地區，及培古至莫爾門間之地區，由我美籍志願隊擔任偵察（按美志願隊在緬兵力為驅逐機一中隊，此項機種頗不適于偵察，而航程亦短）。

3. 三月十五日志願隊偵察報告，仰光海面未發見敵運輸艦及後續敵軍登陸，培古方面之敵人無行動，西當河口之鐵道橋（培古通莫爾門之鐵道）尚未修復，但彼岸停有汽車多輛。

三月十八日，上午會報，馬丁出席，據稱：

1. 英方已派本人（馬丁）為駐臘戍連絡主任參謀。
2. 英方預定將緬第一師及印十七師、裝甲第七旅合編為緬甸第一軍團，擔任伊洛瓦底江方面之作戰。
3. 緬第一師之一個旅，已預定于本（十八）日由同古經約馬斯（YOMAS，即同古與普羅美中間之YOMA山）向普羅美轉進，暫留一旅于二百師之前方，以掩護第五軍之集中。
4. 緬第一師尚有一旅在毛奇附近（即第十三旅），亟須調赴普羅美方面，請中國軍迅速接防。

當時，職以毛奇地區原在我軍作戰地境以內，允即派兵接防，但要求英方必須待我確實接防後，方可調走。

關于毛奇接防問題，職于十八日上午十二時即專函瓢背杜軍長，其主要內容如下：

1. 毛奇地區若不派兵固守，則英軍放棄後敵可由毛奇、棠吉公路侵入我軍後方，將來我軍作戰必大感困難。
2. 原擬令暫五五師駐羅衣攷之第一團向毛奇推進，但甘軍長昨日抵臘面稱：毛奇、羅衣攷、棠吉公路原

　　不在第六軍作戰地境之內，該暫五五師之一團，尚
　　須待第五軍派兵接防，俾便歸還建制。

3. 請將第五軍現在瓢背之兩個補充團抽調一個由火車
　　運至棠吉，再用汽車運至毛奇，于毛奇之稍前方，
　　利用地形，占領陣地，其餘一個補充團，亦望于新
　　二二師、九六師之集中位置確定後，調至毛奇、羅
　　衣攷間地區。

4. 對于第六軍之暫五五師，擬令其全部集結棠吉，作
　　為增援五、六兩軍之總預備隊。

所見：

　　一、此函對于爾後作戰，關係重大，如果見諸實施，
則後來在毛奇方面可以構成一師以上之兵力（第五軍之
兩補充團及第六軍之暫五五師全部），而並不影響中路
第五軍之決戰兵力，可惜未能實施。

　　二、所以未能實施之原因，因杜軍長深知其新二二
師及九六師集中曼德勒東北地區，而其二百師則遠在同
古，將來二百師在長大距離中之後退行動，不能無中間
部隊擔任掩護，又其直屬隊均集中瓢背，亦不能無步兵。
然本團則業已感覺自史迪威將軍來緬後，新二二師及
九六師之集中地，恐終將越過曼德勒以南，故有此曲突
徙薪之主張也。

十八日晚，奉到鈞座十六日八時手令，其最重要之指示

如下：

1. 第五軍主力，仍集中曼德勒東北與美廟間。
2. 如英軍要求我防守曼德勒，則不妨先派部隊協助其構築核心工事，最多以一團兵力為限，曼德勒守備，最多不過兩團兵力。
3. 第六六軍決不能再開，只能派一部到臘戍為止，第六六軍主力勢不能不兼顧昆明，作為惟一之總預備隊。

十八日半夜十二時，接瓢背杜軍長電話，報告前方情況，並說明對于毛奇接防問題之處置如下：

1. 緬第一師之一旅，于本（十八）日下午已登火車北開，另一旅在庇尤以北，尚未登車。
2. 第五軍騎兵團在庇尤以南十二英里處與敵對峙，已令著手破壞庇尤附近之鐵道與橋梁，同古原存炸藥甚多，足敷應用。
3. 第五、六兩軍作戰地境，已致代電於甘軍長，重新劃定。
4. 羅衣攷原定由第五軍派一團守備，現仍由第六軍擔任，至于毛奇之守備，則由第六軍駐羅衣攷之一團中抽派一營擔任，如嫌兵力過少，已令甘軍長酌由暫五五師中抽派增強。
5. 毛奇、羅衣攷、棠吉公路，歸第六軍守備。
　（按此時杜軍長已開始執行副長官職權，並于次日

【十九】呈報就職）。

十八日史迪威將軍由臘飛渝，將向鈞座報告與亞歷山大會商結果，並將請示是否可將第五軍主力集中平滿納。

三月十九日晨，職為毛奇接防事，特與甘軍長面商，決定如下：

1. 暫五五師現駐羅衣玟之第一團（欠一營），于明（廿）日由英方派車輸送至毛奇，迅速接替緬第一師第十三旅之防務，該團在保拉克之一營，因薩爾溫江東岸有敵，應仍在該地擔任警戒，羅衣玟空防後，由暫五五師再派一營，亦由英方派車輸送進駐羅衣玟，以支援毛奇及保拉克之作戰。
2. 暫五五師由南桑移駐棠吉，仍為第六軍預備隊，但同時須準備策應第五軍之作戰。

　　以上商定後，甘軍長即遄赴雷列姆，而本團亦通知英方立即實施。

十九日晨，我第五軍騎兵團在庇尤河之前哨戰業已開始，是日擊退進犯之敵，在敵少尉幾部一往屍身上搜獲地圖日記及其他重要文件，證明：

1. 敵第十五軍係由泰國之曼谷入緬，敵第三十三師團由仰光指向普羅美，第五十五師團由培古指向同古，第十八師團由景邁指向棠吉。

2. 敵第五十五師團于三月十五日已在代庫（DAIKU，
培古北方距羊力賓約十三英里）集中完畢。

3. 敵係山地師裝備，其運動輕便，砲兵以山、野砲為主。

所見：

一、關于敵軍之兵力番號，及其集結位置，進攻路
線，係描繪于一百萬分一之地圖上（原圖已繳呈，抄圖
如插圖第七），當時參照其日記所載，認為十分確實，
後來事實經過，則敵第三十三師團及五十五之番號位置
與進攻路線，固屬不錯，但景邁方面雖有十八師團之一
部，實始終未向棠吉進攻，尤其後來另有五十六師團全
部組成快速部隊，由同古經毛奇直衝臘戌，則在上項俘
獲文件內毫無跡象可尋（可以斷定該少尉確實不知），
由此可見敵高級司令部對其作戰上根本企圖之秘匿如何
注意，頗堪借鑑。

二、敵第十八師團對于棠吉方面，既始終無行動，
但在當時俘獲文件中，則確實表示其將有行動，致我不
敢抽調猛畔地區之部隊，以加強毛奇方面之兵力，此與
敵對景東方面沿泰緬及越緬邊境趕築平行公路，使我對
景東地區發生顧慮，同為一理。虛虛實實，多方誤我，
亦堪借鑑。

三、自來大軍作戰，不能無總預備隊，吾人對於上
項俘獲文件，暫無論其何者為虛，何者為實，姑假定全
部皆實，則敵既分三路進攻，亦應有一強大總預備隊，

位置于仰光附近，此總預備隊，因交通關係，當然不能使用于景邁、棠吉線，然則其將消極的用以增援西中兩路乎，抑將伺機稱隙蹈瑕以積極目的突破毛奇、臘戍公路而包圍我之遠後方乎，此為亟應考慮之事，而本團當時未能詳加研究，確切判定，遺此一著，不為無咎。

三月廿一日，會報，關于曼德勒防守問題，馬丁正式答覆，謂已得英軍總司令部覆電，由英軍防守。

　　本日第五軍之新二二師已到曼德勒附近（因美廟、曼德勒間無車站，須到曼德勒下車後，再轉回曼德勒東北地區）。該軍九六師之先頭團（288R），亦已到達臘戍，惟該軍在臘之直屬隊仍未運完，其砲兵團須明（廿二）日由臘開始運輸，戰車一營須廿三日由臘開始運輸。本日史迪威將軍又由渝飛抵臘戍，帶來商主任兩函轉達鈞座意旨者，並于當日信箱奉到鈞座三月廿日十時十一時及正午之手令三件，其重要指示如下：

1. 派一師至東定吉（TAUNGDWINGYI，又譯唐得文伊）、阿藍廟（ALLANMYO）間地區，作為普羅美方面之英軍總預備隊，專備反攻增援之用，決不負為其防守防地之任務。如果敵軍有一個師團向普羅美進攻，而英軍無久守防地至二、三日之精神，則我軍應在東定吉、阿藍廟所駐地區內固守待機。
2. 對史參謀長之命令應絕對遵守。
3. 凡在國外部隊，以不輕進、不輕退二言為要訣，在

前方全般情勢有利于出擊反攻或捕捉戰機時，則應
決心出之以積極行動。

4. 我軍在同古、平滿納方面陣地之兵力，應以現有者
為限。

5. 我軍決戰地區必在曼德勒附近之要旨，切不可忽略。

6. 據杜軍長十四日函稱，亞歷山大作戰方針在保護葉
南陽（即彥南陽）（編按：現一般稱作「仁安羌」）
之油田，如果照此方針，則我軍一師兵力不可到阿
藍廟，只可到東定吉。

7. 棠吉、羅衣攷及其前方部隊，仍應由五五師派一團
擔任，不必變更。

8. 同古必須死守，英軍在普羅美未撤退以前，我軍決
不能先撤同古陣地。

二十一日下午十時，史迪威將軍即在臘戌下達作戰命令，
其全文如下：

一、由仰光北進之敵第三十三師團，截至三月十九日
止，其先頭在列特帕丹與英軍一部戰鬥中。

由培古北進之敵第五十五師團，截至現在止，其
先頭在庇尤附近與我第五軍騎兵戰鬥。

我第六軍前面泰國境內之敵，大部分為泰軍，其
先頭部隊在泰緬國境各要道，與我第六軍警戒部
隊對峙中，其主力似集結于景萊、那公藍旁之線，
另有日軍第十八師團，似集結于景邁附近。

二、英軍預定在普羅美南方地區拒止由仰光北進之
　　敵，其在同古及毛奇方面之部隊，將陸續轉用于
　　普羅美地區。

三、我軍決在同古附近拒止由培古北進之敵，並與英
　　軍協同作戰，其兵力部署如下：

　1. 第二百師及第五軍直屬部隊暨第六軍之暫五五師
　　　主力，歸杜軍長指揮，擔任同古方面之作戰，第
　　　六軍暫五五師之主力，應即由現在地向瓢背附近
　　　輸送，聽候杜軍長命令。

　2. 第五軍之新二十二師，即由曼德勒開唐得文伊（即
　　　東定吉）附近，歸余直接指揮，準備支援普羅美
　　　方面英軍之作戰。

　3. 第六軍方面，就現在部署，準備拒止由泰國方面
　　　來攻之敵，但對毛奇方面，仍應依照參謀團原定
　　　計劃，派暫五五師之一部接替緬第一師第十三旅
　　　之防務，並在該方面確實占領要點，構築工事，
　　　拒止來犯之敵，以掩護同古正面我軍之左側背。

　4. 第九十六師為總預備隊，即開曼德勒附近，歸余
　　　直接指揮。

四、余現在臘戌，今（廿一）日晚即進駐美廟，爾後一
　　切報告，均向美廟及臘戌參謀團投遞。

所見：

　一、本令已決定以一部分兵力在同古實行決戰，而

並未預定主力將在何處決戰。

二、同古決戰之目的，如僅為拒退敵人，掩護我主力之集中，則使用兵力為過大，第五軍既將直屬部隊約二萬人使用于同古方面，則所餘步兵兩師不能于任何地點再行構成主力，且又均已支配任務，根本失去在曼德勒準備決戰之意義，如同古決戰其目的為擊破敵人，則兵力又嫌過小。

三、將暫五五師主力先輸送至瓢背，然後連同第五軍直屬部隊再向同古輸送，徒自增加瓢背、同古間鐵路運輸之擁擠程度，遲滯到達同古之時機。假如將暫五五師主力用汽車輸送至毛奇，再由毛奇向同古前進，則其利甚多，第一行動迅速，第二不分割該師之建制，第三向同古側面進出可構成有利之態勢，第四縱同古作戰不利，我暫五五師仍可全部退守毛奇，不至如後來之逐次調回，逐次增加，迅被敵人突破，致陷全般戰局于不利。

三月廿二日，同古戰鬥業已開始，關于英軍行動，連日未據通告，其普羅美方面之第一線究在何處，其緬一師一、二兩旅之轉進情況如何，馬丁將軍及哈蒲生上校亦不甚知，我駐美廟侯代表及分駐英軍各聯絡參謀亦無詳確報告。新二二師何時由曼德勒向唐得文伊輸送，暫五五師主力何時由雷列姆向瓢背輸送，史迪威將軍尚無電話來，但聞史迪威將軍到美廟後曾改令新二二師先開平滿納。又本日上午聞平滿納至同古間英方已停開火車，

經向哈蒲生上校提出質問，據覆稱：緬甸鐵路尚不歸軍事管制，當設法辦理等語。關于軍隊部署問題，則瓢背杜副長官又于本（廿二）日曾送出遠征軍第一路司令長官部作戰計畫一份，該計畫係三月十八日所擬定者，此時已成明日黃花矣（如插圖第八）。

所見：

　　一、縱觀以上經過，可知聯合軍部署問題，實為一最複雜之問題，不但經過甚長之時間，而且直至同古戰鬥業已開始，尚未構成一合理之部署案，後來眼見同古戰鬥經過一星期之久，既不能如鈞座三月三日之指示，舉我主力進而行一同古會戰，又不能如鈞座三月二十日之手令，舉我主力退而準備曼德勒會戰，于是同古之戰，既非掩護主力集中，又非與敵決戰，其結果等于浪戰也。

　　二、假定始終遵守鈞座二月廿七日命令所確定之原案，將第五軍主力集中他希南北地區，並另行建議將第六軍能戰部隊抽集于毛奇方面，而復特別致力于運輸問題，則至遲于三月廿一日以前，第五軍主力可以集中完畢，此日尚為同古戰鬥之第一日，我以鐵路公路併用，向同古附近輸送，並以毛奇之兵向同古側面進出，則無論如何，可于同古未失之前，展開完畢，實行同古會戰。若謂如此行動，將吸引伊洛瓦底江方面敵軍之一部及仰光方面敵軍之總預備隊均向同古參加，勝利恐無把握，然與後來之失敗等耳，又何所懼而不行一會戰乎。查同

古戰鬥，始于三月廿一日，終于三月廿八日，敵發出「第十五軍作戰要綱」為同古戰鬥行將終了之前三日（三月廿六日），由此更可見我須構成同古會戰之重要性。

三、第五軍之直屬隊，與他軍不同，其人數及戰鬥力實占該軍總兵力之五分之二，自二百師派赴同古後，該直屬隊即占所餘主力之二分之一，在輸送程序上，實有錯誤，即該項直屬隊既已先行越過曼德勒而集中于瓢背，即不易隨意折回曼德勒，蓋未戰而退，將使友軍有所藉口也。但直屬隊固不能無步兵配合者，于是後面兩師步兵，只好向前遷就，故同古失守後，僅能進而準備平滿納會戰，不能退而準備曼德勒會戰，但同古既失，伊洛瓦底江方面之友軍業已動搖，同古、毛奇公路復經開放，于是平滿納會戰之根本條件，又發生問題矣。

四、由於全般部署未能合理，致爾後第六六軍主力繼續入緬，亦僅為應付臨時需要，既無補于前方戰局，復使滇西國境防禦陷于空虛狀態，尤其後來在全部作戰經過中，逐步受敵人主宰，而未嘗主宰敵人，對數路進攻之敵，未嘗擊破其一路，于被動狀況之下，東支西拒，以及于敗，殊可嘆也。然而我軍應其何處擊破敵人，乃經鈞座確切指示者，三月三日指示在同古，三月廿日因情況之變遷指示在曼德勒擊破敵人，可惜前方之部署及軍隊之行動，皆不足以赴之，此實為緬甸戰役最重要之失敗原因之一。

第三章　聯合軍指揮權及我入緬軍指揮系統之嬗變

卅年十二月十日（蒸亥令一元緬電），令九三師加強團（即劉支隊）即開蒙養，未規定歸何方指揮。

同日（亦蒸亥令一元緬電），令四九師編足一步兵團即開畹町，歸英遠東軍司令指揮。

卅一年一月廿三日（子梗午令一亨調電），令劉支隊即移入緬境，應遵令受英軍司令指揮。

一月卅日，四九師彭師長接英方哈蒲生上校來電，要求全師開景東，歸英方駐景東指揮官司各脫指揮。

二月一日，軍令部劉次長傳達鈞諭：第六軍除暫五五師向芒市、遮放集中待命外，餘均入緬，該軍先後入緬各部隊，在該軍長入緬後，應由該軍長統一指揮，至該軍長應受何人指揮，另有命令。

二月三日（丑江亥令一亨調電），令第六軍入緬後即歸英方指揮，甘軍長應先飛臘戌，與胡敦將軍接洽。

二月十日（丑灰午令一亨調電），令甘軍長入緬後應歸緬軍總司令胡敦指揮。

同日（丑灰午令一亨調電），應英代表之請求，令第五軍迅速入緬，大約使用于同古、仰光附近地區，未規定歸何方指揮。

二月十九日，本團呈總長電（皓午參一昆電）略謂：星嘉坡失陷後（按星嘉坡此時業已失陷四日），緬甸中部必遭敵軍猛攻，我五、六兩軍入緬作戰，若全委之胡敦指揮，恐難與我之作戰企圖相適合。兩軍分離過甚，成效難期，徒遭損害，故五、六兩軍應歸于一人指揮，即以該兩軍中之資深軍長任其指揮，以確保緬北山地掩護中印新國際路線為作戰目的。

二月廿五日（昆參團丑有申參電），規定五、六兩軍入緬作戰，應有統一指揮機構，在該機構尚未成立以前，著由杜軍長聿明統一指揮，杜軍長仍受胡敦將軍指揮。

同日（昆參團丑有酉參電），令杜軍長率幕僚人員尅日趕赴臘戍，稟承胡敦司令之命，部署作戰。

二月廿七日

鈞座在昆明下達命令，復重申前令，著第五、六兩軍暫

歸杜軍長統一指揮，杜軍長受胡敦司令指揮。

三月三日

鈞座在臘戍面諭本團指導我入緬軍之作戰行動，並與英方折衝。

三月八日，臘戍會報，丹尼斯通告英政府已任命亞歷山大將軍接替胡敦將軍之緬軍總司令，胡敦改任參謀長

三月十一日（寅真午令一亨調電），著第五軍、第六軍統歸中國戰區參謀長史迪威將軍指揮（按本令未規定史迪威將軍與亞歷山大將軍相互間之地位）。

三月十二日，臘戍會報，丹尼斯稱：史迪威將軍來緬指揮五、六兩軍，與亞歷山大將軍之間，其指揮系統不明。

同日（寅文申令一亨電），特派衛立煌為遠征軍第一路司令長官，杜聿明為副司令長官，在衛司令長官未到任以前，准由杜副司令長官代理（按本令未規定司令長官與史迪威參謀長相互間之地位）。

三月十五日，史迪威參謀長在美廟下達第一、第二兩號命令于五、六兩軍，說明遵奉鈞座之訓示，擔任第五、六兩軍之指揮，並附以勉勵官兵之語，開始執行其指揮權。

三月十八日，臘戍會報，馬丁稱：英方已預定將緬第一師及印十七師、裝甲第七旅合編為緬甸第一軍團，擔任伊洛瓦底江方面之作戰，軍團長為何人尚未確定，惟亞歷山大總司令之地位，則在該軍團長之上。

三月十九日，杜副長官在瓢背就職視事，開始執行其代理司令長官之職權。

三月廿四日，亞歷山大將軍由美廟到臘飛渝，廿七日復由渝飛臘回美廟，廿八日職在美廟，據其面告：「已在渝決定以本人（亞自稱）為在緬作戰之中英聯合軍最高指揮官，史迪威將軍受本人之指揮。」等語，但本團及各部隊，始終正式未奉到此項命令。

四月三日（卯江未令一亨整電），改派羅卓英為遠征軍第一路司令長官（按本令亦未規定羅長官與史迪威參謀長互相間之地位）。

四月五日，羅長官隨鈞座飛抵臘戍，六日赴美廟，九日鈞座飛回國內，爾後關于我入緬各軍之指揮，即由羅長官與史迪威參謀長共同負責。

所見：

一、關于聯合軍之指揮權問題，其經過雖似簡單，

但實際內容亦相當複雜。緬甸本為我唯一國際交通線，亦即在同盟國中我有權以自力保衛之抗戰生命線，但以未經劃入中國戰區，我軍入緬，遂不能不尊重友軍為地主，而畀予指揮權。故在二月廿五日以前，我係命令入緬各軍分受英方指揮，初未料英方對于聯合軍之作戰部署，與我軍入緬作戰目的迥不相牟，故鈞座于二月廿五日有著五、六兩軍受杜軍長統一指揮之電令，三月三日又有著本團指導入緬軍行動並與英方折衝之面命，三月十一日又有著中國戰區參謀長史迪威將軍指揮五、六兩軍之電令，三月十二日又有特派衛立煌為遠征軍第一路司令長官、杜聿明為副司令長官並准由杜聿明先行代理司令長官之電令，四月三日又有改派羅卓英為司令長官之電令，然受命各員均未達到構成合理部署之目的。

二、亞歷山大將軍赴渝之行，雖重行確定其可以指揮緬境內中英兩軍之最高地位，但對于在緬聯合軍之作戰部署及作戰行動，則自始至終未下一正式合同命令，而僅使連絡人員轉達其所希望于中國軍者，一方面固係心存謙抑，另一方面似亦不欲以正式命令確定中國軍之任務而連帶固定英軍之任務及行動也。

三、鑑往察來，爾後我軍如再與盟軍在一個戰場聯合作戰時，對于指揮權問題，實不可不首先考慮之。

第四章　在緬英軍之兵力

英在緬陸軍兵力及戰鬥序列，始終未據詳細通告。

二月九日，我第五軍及第六軍主力尚未入緬，我劉支隊及九三師業已到達景東方面，本團尚在昆明，據報：緬甸英軍共有三個師，一師在景東地區，一師在比林河東岸與敵軍作戰，一師在培古及其附近地區集結，英緬軍總司令胡敦中將駐仰光（後乃知所報兵力為不確）。

二月廿五日，本團在昆明接到侯代表所報胡敦司令對我入緬軍部署案，始知在緬英軍有緬第一師與印十七師之番號。

三月四日以後，因本團在臘戍組織中英聯席會報關係，對于在緬英軍旅以上之番號逐漸明瞭，即除緬第一師及印十七師外，尚有澳六十三旅及裝甲第七旅（約戰車一百五十輛）。

三月八日，得知亞歷山大將軍已接替英緬軍總司令，其司令部駐美廟。

三月十八日，又知緬第一師原有第一、第二、第十三共三個旅，印十七師原有第十六、第四十六、第四十八共三個旅，因印十七師損失太大，已將四十六旅取銷，而以澳六十三旅編入印十七師。

十八日會報，馬丁稱：英方已預定將在緬英軍合編為緬甸第一軍團（詳情已敘于前章，茲不贅），于是本團又知在緬英軍之戰鬥序列，將如下：

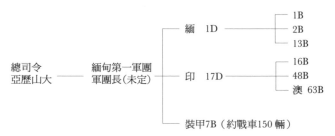

三月廿二日，據美廟侯代表誓代電稱：在緬英軍改編為一軍，歸斯列姆（SEAIM）將軍指揮，在其未到以前，暫由緬一師師長史考特（又譯司各脫）代理。

本團以不明友軍戰鬥序列及其編制裝備，無法衡量其戰鬥力，自三月初旬以來，即屢催美廟侯代表向英緬總司令部索取，並囑其說明：如英方不便以編制裝備見告，即告以大概編組情形亦得。乃遲至三月廿三日，始接到侯代表送來各件如下：

　1. 英緬總司令部各級官長姓名表一張。
　2. 緬甸第一軍團司令部各級官長姓名表一張。

3.緬第一師主管官姓名階級表一張。

4.印第十七師主管官姓名階級表一張。

以上各表，除第1、2兩表無甚關係外，其第3、4兩表，經譯出如下：

第3表：

緬第一師師長	史考特少將
參謀長	阿米埃斯上校
第一科科長	吳音達木中校
第一步兵旅旅長	法威爾代將
第二步兵旅旅長	波凱代將
第十三步兵旅旅長	柯弟斯代將

第4表：

印第十七師師長	史密斯少將
第十六步兵旅旅長	瓊斯代將
第四十六步兵旅旅長	埃金代將
第二步兵旅旅長	包凱代將

由以上兩表，仍僅知英軍之兩個師，每師各有三個旅，而印十七師中且有一個旅（第二旅）與原來所知之番號不同，至于每一步兵旅究有幾個團或幾個營，又除步兵旅之外再有若干特種部隊及其種類如何，皆不得而知也。

經再催侯代表，繼又送來緬第一師戰鬥序列及位置表一張，除位置已屬過去情形從略外，經將其序列譯出如下表（插表第四）。

插表第四　緬甸第一師

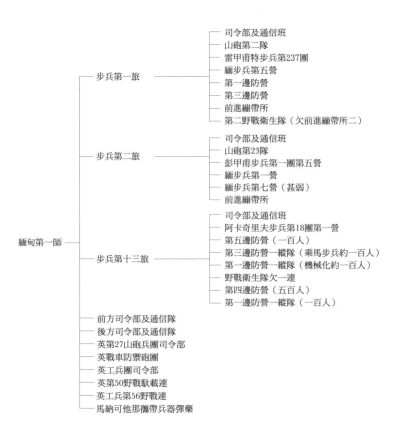

緬甸第一師

- 步兵第一旅
  - 司令部及通信班
  - 山砲第二隊
  - 雷甲甫特步兵第237團
  - 緬步兵第五營
  - 第一邊防營
  - 第三邊防營
  - 前進繃帶所
  - 第二野戰衛生隊（欠前進繃帶所二）
- 步兵第二旅
  - 司令部及通信班
  - 山砲第23隊
  - 彭甲甫步兵第一團第五營
  - 緬步兵第一營
  - 緬步兵第七營（甚弱）
  - 前進繃帶所
- 步兵第十三旅
  - 司令部及通信班
  - 阿卡奇里夫步兵第18團第一營
  - 第五邊防營（一百人）
  - 第三邊防營一縱隊（乘馬步兵約一百人）
  - 第一邊防營一縱隊（機械化約一百人）
  - 野戰衛生隊欠一連
  - 第四邊防營（五百人）
  - 第一邊防營一縱隊（一百人）
- 前方司令部及通信隊
- 後方司令部及通信隊
- 英第27山砲兵團司令部
- 英戰車防禦砲團
- 英工兵團司令部
- 英第50野戰馱載連
- 英工兵第56野戰連
- 馬納可他那攜帶兵器彈藥

　　故本團在緬，自始至終，除對緬第一師之編組情形較為詳悉外，對于印十七師及澳六十三旅、裝甲第七旅，始終未得明瞭。

　　以上係英在緬陸軍兵力。至於空軍兵力，在三月十一日會報時，丹尼斯稱：英皇家空軍在緬現有驅逐機

三十架、輕轟炸機十五架，共計四十五架，正準備增加
中。侯代表九日代電稱：英空軍以馬格威或阿洽布為根
據地。三月廿一日，敵機五十九架襲擊馬格威基地，廿
二日又有兩次襲擊該地，英空軍似全部集中于馬格威，
其機數共為五十二架，計全毀二十二架、重傷八架、輕
傷二十一架，共計毀傷五十一架，等于全部消滅。三月
廿六日，英駐緬空軍指揮官布羅奧（BROUGHALL）
代將，由馬格威抵臘面稱：兩天之後，當有印度飛機兩
隊到雷允及臘戍，計為轟炸機十六架、驅逐機十六架，
共三十二架等語。三月廿八日，英空連絡軍官吉姆斯少
校來團面稱：英空軍兩隊，計戰鬥機一隊十二架，外加
預備兩架，轟炸機一隊十二架，外加預備機兩架，共
二十八架，戰鬥隊擬駐雷允，轟炸隊擬駐臘戍，因雷允
有防空部可迅得情報使戰鬥隊起飛，以掩護臘戍之轟炸
隊，但昆明王叔銘司令以雷允機場小，不便與美志願隊
同駐，僅許英機降落，不准自由行動，故英空軍希望與
美志願隊合作，以解決其困難，並認為英空軍可能受美
志願隊指揮，美志願隊絕不能受英空軍指揮。但在雷允
機場之英空軍受美志願隊指揮，亦有一定限度，即：

1. 在防禦情況下（即敵機來襲時），當然受指揮，期收
   統一之效。
2. 在攻擊情況下（如隨伴臘戍轟炸隊出發，或向普羅美
   方面出動等），則不能受指揮。

換言之，即攻擊行動要有自由等語。當時本團以臘戍在我以雷允為中心之防空情報網之邊緣附近，而以臘戍為中心之情報網則並未建立，假使英空軍之轟炸戰鬥兩隊均駐臘戍，一遇敵機來襲，絕難同時起飛，定被轟炸無疑，而英機之損失，亦即我方之損失，當即答覆如下：

1. 英轟炸隊駐臘戍，戰鬥隊駐雷允，在原則上同意，但因指揮及技術問題，究竟可否同駐，並在指揮上應如何規定，俟今下午與美志願隊商討後，當向重慶請示。

2. 英空軍協助中國陸軍作戰，其最好方法，為儘可能對仰光、莫爾門、景邁之敵機施行連續轟炸，使其不能起飛。又泰緬境內防空情報網皆壞，敵我機場皆有突然被襲之危險，惟有攻擊者可占勝利，故希望不計機數之多寡，隨時出動。其次乃為以戰鬥機掩護葉達西、同古之上空。

吉姆斯少校同意而去，本團亦立向鈞座請示，嗣接航委會周主任來電，允借芒市機場。三月卅日，史迪威將軍之隨員羅柏擴中校來團面告，略謂：頃到英空軍司令部，遇一低級軍官，問英空軍何日可到緬甸，據達四星期以後，此語與其高級軍官所言不符，請注意等語。此時同古戰鬥業已終了，以後迄作戰失敗為止，英空軍究竟有無少數飛機來緬，雖不得而知，然始終未據正式通告，亦無與我協同作戰之事。

所見：

一、在一個戰場上與友軍聯合作戰，而不能事先知其兵力，臨時又未肯開誠相告，當然無法估計我友軍在攻擊情況下能以擊破若干敵人，在防禦情況下能以拒止若干敵人，于是全般作戰計畫，缺乏建立條件，不特此也，而互信心亦隨之消失矣。

二、吾人在緬作戰，對友軍之物質力量，固已不甚明瞭，乃對精神力量，尤難估計。據悉除澳六十三旅及裝甲第七旅外，其緬第一師多為加拉兵及土住兵，印十七師多為印度兵，此等士兵之戰鬥情緒如何，惟有我統率該士兵等之友軍軍官，乃能深切了解之。

三、馬格威基地被襲之日（三月廿一），即為同古戰鬥開始之日，英空軍自經此慘重損失後，敵已完全獲得緬甸制空權，爾後我軍等于在無空軍之狀態下作戰，雖尚有美志願隊之驅逐機八架，但因基地太遠（雷允），其掩護前方作戰部隊之時間及次數，屬于極小限，且此項機種，係以防禦為主，不易攻擊位于遠距離之敵根據地，故除敵機襲擊雷允我常可予以懲創外，在前方戰線上及臘戌以南之運輸線，連同臘戌在內，均大有坐視敵機橫行之概。據悉馬格威被襲之際，警報甫發，敵機即已臨頭，假使英空軍最初即出以積極行動，或對于防空情報網早有準備，或不將全兵力集中于一個基地，則機數雖屬不多，亦未始不可與敵機抗衡，而于某一重要時間，對某一重要局部，努力保持制空權也。

緬甸戰役作戰經過及失敗原因與各部優劣評判報告書

第二冊

謹呈委員長蔣

職　林蔚呈

第五章　我遠征軍作戰經過

第一節　庇尤河前哨戰

　　三月十八日以前，我在庇尤河擔任前哨之部隊，為第五軍騎兵團（摩托化），並配屬二百師之步兵一營，歸同古二百師戴師長指揮。爾後在作戰經過中，復有第五軍工兵團（摩托化）之一部參加破橋，又有平射砲營之一部參加作戰。

　　三月十八日，庇尤以南之英軍緬第一師一、二兩旅，俱已通過我前哨陣地，向北撤退，敵人跟蹤北進。下午二時，敵先頭一部，附有三七砲及戰車，進至距庇尤南方約十二英里之大橋，遂與我警戒部隊發生接觸，該大橋及其以南之鐵路、公路原歸英軍防守，英軍撤退時未予澈底破壞，杜軍長遂飭步兵配屬戰防砲在庇尤河北岸占領陣地，阻敵前進（按第五軍戰防砲營此時尚未到達臘戍，戰防砲三字恐係平射砲之誤，因據其代電所報如此，故未予改正），並飭工兵團星夜澈底破壞庇尤南方十二英里之大橋及其以北之鐵路、公路橋梁等，惟是否達成目的，後來未據報。

　　敵空軍行動：昨（十七）日，曾有敵機七架炸同古，今（十八）日，又有敵機十二架分兩批炸同古，市區房屋

全部焚毀，英方集穀亦被燒。十八日夜間，同古戴師長曾用無線電向本團發出巧戌〔戌〕電，要求自十九日起派空軍助戰，但此電于二十日始收到。

三月十九日，敵機四架至同古偵察，未投彈。是日庇尤戰況，于廿日始據戴師長之皓申電稱：「我騎團仍在庇尤河與敵對峙中，敵傷亡較大，我僅傷亡數名，並擊毀敵裝甲車一輛、指揮車一輛」等語。按此電所謂對峙地點在庇尤河，則原在庇尤南方十二英里大橋附近之警戒部隊，當已撤退。

三月廿日夜十二時，據瓢背第五軍羅副參謀長電話稱：本晨六時起，敵步騎兵約五、六百人，進犯庇尤，我以騎兵團及步兵一連從兩翼突然出擊，敵遺棄軍械，倉皇潰退，共傷亡少尉以下官兵約二百人，我傷亡士兵二、三十人，在敵少尉幾部一往屍身上搜獲地圖及日記等重要文件（已詳前章，茲不贅）。午後敵繼續增加部隊，並發現山砲四門，與我對峙入夜。

三月廿一日夜十一時，瓢背杜副長官電話稱：「當面敵原有山（野）砲四門，現增重砲二門，其番號為五十五師之 112 聯隊，三日來，敵傷三百餘，我傷亡一百四十餘，陣亡連長一員，現敵我相持之地點為同古南之鄂克春（OKTWIN），此處為我同吉陣地之前進陣地」等語。

查鄂克春在庇古之北約二十六英里，故庇尤前哨部隊業經撤退，而庇尤河前哨戰亦已告終。

所見：

　　一、前哨部隊之行動，以達成任務為目的，原不在戰鬥時之久暫。據上述經過觀之，我前哨部隊對于掩護緬第一師一、二兩旅之撤退，及警戒同古，均已達成任務，惟是否尚需取得更多之時間，藉使工兵團達成澈底破壞庇尤、同古間鐵路公路橋梁之目的，因施工情況迄未據報，不能臆斷。

　　二、前哨部隊最重要之任務為搜索敵情，但在防禦情況下，一般多企圖安全撤退，鮮有能出以積極行動者。我庇尤河前哨，在英軍未撤退以前不能直接施行搜索，在英軍撤退以後與敵人接觸之時間甚短，乃能利用敵人來攻之際，突然採取積極行動，獲取重要情報，無論該項情報呈送高級司令部以後其被利用之結果如何，但我前哨部隊長即第五軍騎兵團團長林承熙，則可謂克盡職責。

　　三、前方部隊向後方報告行動，應真實、簡捷、明瞭，使受報告者對于前方軍隊之向前、向後、向左、向右，立刻了解，不需多費時間，且既非對外發表之文件，則對于撤退、轉退等字樣，殊無避免之必要。嘗見其他戰區之部隊長，有於最關緊要之際，軍隊決定退卻，乃其電報竟將「由某某地向某某地轉進」改寫為「由某某地向某某地前進」，最易使後方高級指揮官發生模糊觀念，至少

限度亦可使高級司令部之參謀人員在地圖上向反對方向尋
找地名，犧牲有用時間，亟應加以改正。然杜副長官在電
話上則確應避免撤退、轉進等字樣，此則無可訾議者。

第二節　同古戰鬥

三月廿一日，為同古戰鬥開始之日，當時我守備同古之兵力如下：

指揮官
二百師師長戴安瀾
- 二百師
- 第五軍騎兵團
- 第五軍砲兵團之山砲一連（未到）
- 第五軍平射砲營
- 第五軍工兵團
- 第五軍裝甲車十輛

其配備係以同古附近為主陣地，以喀巴溫河（KA-BAUNG）為警戒陣地，而另以一部占領同古南方約十英里之鄂克春為前進陣地（參閱插圖第九）。

二十一日之戰鬥，為我前進陣地與敵前衛部隊之戰鬥，其戰況已詳于前節，茲不贅。本日英空軍馬格威基地被炸，普羅美方面英軍第一線之位置，及緬第一師一、二兩旅轉運情況，均不明。史迪威參謀長于下午十時對五、六兩軍作達作戰命令，凡此皆已詳于二、三兩章，亦不贅。

三月廿二日

一、敵情：

1. 同古戴師長養（廿二）午電，自十八日與敵接觸以

來，敵之兵力日有增加，始為步騎砲連合追擊隊，
既為混合大隊，今日已為一聯隊（按此電遲至廿七
日始接到，此時特提前敘述之）。

2. 廿二日全日，有敵飛機飛瓢背偵察三次。

3. 毛奇方面無敵情。

4. 廿一日炸馬格威之敵機，飛返時，經平滿納附近，
投下降落傘一個，派員往查，尚未查出。

（右各項係據瓢背杜副長官廿二日下午八時五十五
分電話）。

二、戰況：

1. 廿二日晨八時，敵再度向我鄂克春前進陣地進犯，
未逞，有敵一部企圖迂迴我左翼，我派一部向敵後
威脅，敵退。本日全日敵向我前進陣地斷續砲擊，
入夜正面平靜（此據瓢背杜副長官廿二日下午八時
五十五分電話）。

2. 二百師及其配屬部隊在同古陣地，其守備鄂克春前
進陣地之部隊為第五軍騎兵團之主力及二百師之步
兵一營（此據瓢背杜副長官廿二日代電，該代電于
廿四日始接到）。

三、後續部隊之位置行動：

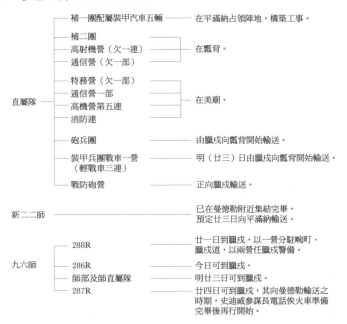

	補一團配屬裝甲汽車五輛	在平滿納占領陣地，構築工事。
	補二團	
	高射機營（欠一連）	在瓢背。
	通信營（欠一部）	
	特務營（欠一部）	
直屬隊	通信營一部	在美廟。
	高機營第五連	
	消防連	
	砲兵團	由臘戌向瓢背開始輸送。
	裝甲兵團戰車一營（輕戰車三連）	明（廿三）日由臘戌向瓢背開始輸送。
	戰防砲營	正向臘戌輸送。
新二二師		已在曼德勒附近集結完畢，預定廿三日向平滿納輸送。
	288R	廿一日到臘戌，以一營分駐畹町、臘戌道，以兩營任臘戌警備。
九六師	286R	今日可到臘戌。
	師部及師直屬隊	明廿三日可到臘戌。
	287R	廿四日可到臘戌，其向曼德勒輸送之時期，史迪威參謀長電話俟火車準備完畢後再行開始。

　　（右各項係據瓢背杜副長官廿三日代電，惟砲兵團、戰車營及九六師之行動係據本團在臘戌所知實在情形加以改正者）。

四、第六軍方面：

1. 毛奇地區正在接防，已否接防完畢，尚未據報（按係廿日起始由英方派車四十輛分三日輸送，預定本【廿二】日輸送完畢）。

2. 甘軍長奉到史迪威參謀長廿一日下午十時之命令後，不同意將暫五五師主力開至瓢背參加同古戰鬥，本（廿二）日特函呈本團，請求暫時控置棠吉，作為該軍之總預備隊（此函于廿四日始收到）。

3. 猛畔及景東兩地區情況無變化。

五、英軍方面：

1. 普羅美方面英軍最前線，據哈蒲生上校稱：在阿克坡（OKPO）正面平靜，敵之先頭在何處不明（按阿克坡在列特帕丹之北約二十七英里，據杜副長官廿一日代電，敵先頭已越過列特帕丹）。

三月廿三日

一、敵情：

自晨至午，敵陸續增至一旅團左右，並有戰車、裝甲車七、八輛，汽車十餘輛（裝載步兵），飛機二十餘架助戰，據探其後方有大批汽車、騾馬及象牛車等載運輜重人員，又從敵軍官遺屍中檢獲敵中隊編制表，發現143 聯隊番號（按廿一日已發現敵 112 聯隊番號），是日並發現敵砲十二門。

二、戰況：

自拂曉起，敵步砲空連合向我鄂克春前進陣地攻擊，砲火猛烈，一日間敵機對我陣地投彈達六次之多，敵步兵復向我猛撲，我亦以步兵配合騎兵向敵側背攻擊，激戰結果，毀敵戰車、裝甲車各二輛，汽車七輛，獲戰馬七匹，雙方死傷均重，敵向南逃竄。下午八、九時間，敵再行進犯，突破我陣地之一部，與我徹夜戰鬥。

三、後續部隊之位置及行動：

第五軍之兩個補充團，本日已有一團開至同古，另

一團明（廿四）日續開同古，該軍砲兵團及戰車營亦決定使用于同古，砲兵營本晚可抵曼德勒，戰車營明（廿四）日可由臘戍開出，曼德勒之新二二師奉史迪威參謀長令決開平滿納，但英方尚未撥車，據英方云，須廿五日始能開始輸送。

四、第六軍方面：

　　情況無變化，惟該軍之暫五五師主力，杜副長官仍擬將其開至瓢背以南，但本日尚未開始運輸，原定由英方派汽車運至棠吉附近，再轉乘火車前往，但何時可以派車，尚無切實答覆。

五、英軍方面：

　　普羅美方面英軍情況如何，未得通報，緬一師一、二兩旅之轉進行動亦未悉，據聞在唐得文伊。

六、杜副長官對于敵情之判斷及決心與部署：

　　判斷敵人似已發現第五軍，有集中全力擊破我軍主力然後掃蕩全緬中英軍之企圖，決心以攻擊手段達成防禦目的，預定三月廿六日後開始，其部署如插圖第九。（以上各條係據瓢背杜副長官三月廿三日下午十一時半電話，及同日代電兩件，該代電廿五日始收到）。

七、後方警備：

　　本日奉龍主任轉到鈞座寅皓申令一亨調電，節開，著第六六軍之新卅八師，于感到安寧後，即用汽車輸送至臘戍、美廟間，限四月微日以前到達；新廿八師即開駐保山，于四月皓日以前到達。後勤部所需兵站警衛部

隊兩團（臘戍守備在內），可由第六六軍派遣。

三月廿四日

一、戰況：

　　本日瓢背電話不通，據杜副長官敬（廿四）午電稱，同古方面本晨敵以砲空連合向我陣地猛攻，另以一部約五、六百附小砲數門，于午前九時，于鐵道以西向我以北之陣地迂迴，包圍我戴師，企圖占領飛機場（按飛機場在同古北約五英里之克永岡），迄午後？時（編按：原文如此）止，正面仍激戰于鄂克春東西之線，側面仍在飛機場附近激戰。自上午九時起，瓢背、同古間電話被截斷，惟戴師無線電隨時可通，又據杜副長官敬（廿四）亥電稱，迂迴機場之敵，下午五時後大量增援，戰況激烈，我以傷亡慘重，午後八時機場卒告不守，同古後方連絡線亦被截斷。迄半夜止，全陣地仍在激戰，並不斷向機場反攻，各等語（按上兩電均係無線，但遲至三月廿七日始收到）。

二、後續部隊之行動：

　　本日上午馬丁面告：史迪威將軍與亞歷山大將軍廿二日在美廟會商結果，決定將新二二師先開至平滿納待機，其開始輸送日期及輸送日程，雖可儘量設法，但事實上頗有困難，至暫五五師何日可以開始輸送，亦不敢說等語。

三、第六軍方面：

情況無變化，惟暫五五師主力仍在原地候車。

四、英軍方面：

本日上午馬丁面告：普羅美方面英軍前線，仍在阿克坡正面沉寂，緬一師師部及第二旅廿二日由同古經平滿納、沙斯瓦（SATTHWA）向普羅美輸送，第一旅明（廿五）日由同古向西越培古山向普羅美轉進，須五天始能到達，至于毛奇之第十三旅，交防後，擬經羅衣攷、棠吉、平滿納、唐得文伊至普羅美（按緬一師一、二旅在廿三日即均已離開同古）。

五、空軍方面：

美志願隊六機，昨（廿三）晚飛宿南桑機場，今晨七時飛抵景邁偵察，在機場發現敵機四、五十架，內有戰鬥、偵察、轟炸各若干架及運輸機三至五架，我行地面攻擊後，發現七處起火，確見三架焚毀，七至十架受重傷，敵機場防空火力甚熾，我機回時有一架受傷，乘員在泰國境內跳傘，又另有志願隊機四架，本晨襲那公藍旁之敵機場，戰果不詳。

三月廿五日

一、敵情：

本日下午十一時四十分瓢背杜副長官電話，從南、西、北三面包圍同古之敵，共約一師。

二、戰況：

本日拂曉，敵三面環攻同古，我戴部沉著堅守，並

以火燒森林，阻敵前進，昨（廿四）日晚，已將鄂克春、
坦塔賓（TANTABIN）之前進陣地撤回，調整陣線。本
日敵機三十餘架更番轟炸同古，我損失甚微，迄晚機場
仍在敵手（上係據瓢背杜副長官二十五日代電，此代電
于廿八始收到）。

三、我軍傷亡：

截至本晨止，連日戰鬥，我共傷亡七、八百人（此
據杜副長官有巳電，此電于廿六日收到）。

四、我軍決心：

本日史迪威參謀長在瓢背，仍決心于同古地區擊潰
來攻之敵，並以新二二師參加決戰，其攻擊日期仍為三
月廿七日。

五、後續部隊之行動：

1. 新二二師之先頭團（65R）抵葉達西以南，占領陣
地，其餘正由曼德勒向平滿納火車輸送中。

2. 補二團（欠一營）並配屬補一團之第三營，抵葉達
西，對迂迴同古北面之敵攻擊前進中。

3. 輕戰車，除一連甫抵臘戍外，其餘已抵平滿納，準
備明（廿六）日以汽車牽引向葉達西附近集結。

4. 炮兵團，第一營已抵平滿納，其餘正面向平滿納輸
送中。

5. 戰防砲營已抵臘戍。

（以上各項，係據杜副長官本【廿五】日代電，此
代電于卅一日始收到）。

6. 九六師，已由史迪威參謀長決定全部調赴平滿納，
該師286R昨（廿四）日晚在臘戍上車，師部及直屬
隊本（廿五）日晚在臘戍上車，288R預定明（廿六）
日晚，287R預定後（廿七）日晚，在臘戍上車。

7. 配屬第五軍之砲十八團第一營，亦開平滿納，預定
明（廿六）日晚在臘戍上車。

六、第六軍方面：

情況無變化，暫五五師主力仍未開始運輸。

七、英軍方面：情況無變化。

八、空軍方面：

本團因我軍決于廿七日開始攻擊，特于本日下午派
空軍連絡參謀及航委會林代表星夜趕赴雷允，通知美志
願隊，希望能自廿七日拂曉起，于最要之時機，掩護同
古上空。

三月廿六日

一、敵情：

發現敵五十五師團之工兵及騎兵，其位置在同古北
之機場附近，普羅美方面印十七師至今未與敵接觸，並
聞該師有準備北移企圖，判斷仰光方面之敵主力似已轉
用于同古（此據杜副長官宥【廿六】未電，此電廿八日
始收到）。

二、戰況：

昨（廿五）日，敵對同古竟夜圍攻，本日上午，敵主

力指向同古西北角攻擊，該方被敵突破，發生巷戰，同古城敵我各半，我在東城抵抗，敵砲甚烈，我傷亡甚大，我工兵團（欠一連）及騎兵團已撤至葉達西及其以南地區，二百師配屬平射砲營仍在同古與敵激戰（此據杜副長官宥晨電及寢西代電，該兩電均卅一日始接到）。

二百師無線電正午十二時起不通。

三、後續部隊之行動：

1. 補二團，由同古北方之克永岡（KYUNGON）自鐵道以西之地區向南攻擊。

2. 補一團（欠一營），抵同古東北及西當河東岸警戒中。

3. 新二二師，本晚一部到達葉達西，主力尚在輸送中（按與昨【廿五】日所報65R抵葉達西以南占領陣地有出入）。

4. 輕戰車兩連及砲兵團第一營抵葉達西。

5. 在葉達西之騎兵團、工兵團、戰車兩連、砲兵團第一營，統歸新二二師廖師長指揮。

6. 砲兵團（欠第一營），尚未到達平滿納。

7. 戰防砲營，由臘戍併用火車汽車向平滿納輸送中。

8. 九六師，先頭尚未到達平滿納。

（以上各項，係據杜副長官寢西代電）。

四、第六軍方面：

情況無變化，暫五五師主力已向棠吉運動。

五、英軍方面：

英方本日情報，普羅美前方匨那瓦的、阿坑（OKKAN）間地區，有敵三千人，匨那瓦的西方伊洛瓦底江岸之亨薩達（HENZADA），有敵軍五百人及緬偽軍一千五百人，匨那瓦的東方培古山未發見敵蹤，又亨薩達西南之思拉爭格羊（NGATHAINGGYAUNG）有敵一千人，英軍前線仍在阿克坡。

是日敵空軍炸普羅美。

六、空軍方面：

美志願隊由雷允基地掩護同古上空，距離太遠，本團請英方速對瓢背前進飛行場恢復加油設備，允即照辦。但完成設備須兩天半。

三月廿七日

一、敵情：

圍攻同古之敵為一個師團，其步兵共三個聯隊（此據美廟邱副處長本日上午十一時二十五分轉來瓢背電話）。

二、戰況：

本日二百師配屬平射砲營（欠一連）、騎兵第三連、補一團（欠第三營）、工兵一連，仍在同古與敵激戰。昨（廿六）日晚，戴師長已有兩個電報，仍在同古作戰，鐵路以東屬我，以西屬敵，第一電語氣較緊，第二電謂情況尚好，假使我主力反攻，彼可夾擊。本日上午九時以後，敵攻擊甚烈，我官兵沉著固守，敵傷亡甚大，但我劉團傷亡亦大。午後，敵向北轉移兵力，與我新二二

師在克永岡（KYUNGON）東北附近之線發生接觸（此
據瓢背電話及杜副長官感酉電與感酉代電）。

三、後方部隊位置：

1. 新二二師配屬騎兵團（欠第三連）、裝甲兵團（輕戰
車三連已到兩連）、平射砲一連、砲兵第一營、戰
防砲營（欠二連），在葉達西就攻擊準備位置。

2. 補二團（欠第一營）及補一團之第三營，在同古西北
襲擊敵人。

3. 工兵團（欠二連），由葉達西撤回，向平滿納輸送，
構築陣地。

4. 九六師，先頭已到平滿納。

5. 砲兵團（欠第一營），由曼德勒向瓢背輸送集結。

6. 第五軍軍部、特務營（除一部在美廟）、高機營（除
第五連在美廟）、通信營、消防營、工兵一連、戰
防砲一連、補二團第一營，在瓢背。

（以上各項，係據杜副長官感【廿七】酉代電，此
代電于卅一日始接到）。

四、第六軍方面：

情況無變化，暫五五師主力已到棠吉西方之黑河
（HEHO）火車站待車，因火車均已調至曼德勒、葉達
西線上。

五、英軍方面：

情況無變化，惟本日半夜奉到總長有成〔戌〕參
電開：「頃亞歷山大對英軍下令要旨如次：同古華軍現

被敵攻擊，第十三旅如可能即歸戴安瀾指揮，緬第一軍團著亦向敵攻擊，減輕敵對華軍壓力，英空軍應盡量援助。」等因，但我方數日來不知緬第十三旅究在何處，英方自己通信不靈，對其部隊位置亦難確實，至于在緬英空軍二十一、二兩日業已消滅矣。

是日敵空軍又炸普羅美及馬格威。

六、我空軍方面：

　　美志願隊僅有驅逐機八架，約定明（廿八）日先飛至黑河機場，協助我軍反攻，惟究否需要，仍等待最後電報，不意本晚與雷允連絡之臘戍情報電台機械忽生障礙，不能發電，其他電台又不能與雷允電台連絡，最後電報遂未發出。本日下午，英空軍部派加油車四輛、運油車六輛，載油二萬加侖，由臘戍出發，赴瓢背。

七、我軍決心：

　　下午十一時卅五分瓢背杜副長官電話，我新二二師今日未反攻，明（廿八）日是否反攻，尚未決定，等語。但最後仍決定反攻，先驅逐敵之前進部隊。

三月廿八日

一、敵情：

　　敵在同古北方要點已構築陣地工事，似企圖以一部對葉達西方面暫取防禦，以主力先消滅我二百師，再行北進。又敵每次向我陣地攻擊，其步兵多化裝英緬軍或緬土人，穿紅衣黑褲，驅運牛車，載械彈，覆以農人物

品，圖混入我陣地後方搗亂，並有緬奸帶路。

二、戰況：

本日晨，新二二師由葉達西向南攻擊，敵退入葉達西以南約四英里之南陽（NANGYUN）車站，該車站西南約五、六英里有幾個村莊被我占領，敵頑強抵抗，但敵砲兵後退，有二、三小時未聞砲聲。又攻擊地區內多叢林，除道路外，行動困難，且敵已有工事，故進展遲緩，截至晚間止，擊斃敵三百餘人，奪獲機槍一挺，敵屍無番號。至于二百師方面，自本晨敵主力步砲空協同即對我二百師攻擊，並使用糜爛性毒氣，我傷亡甚重，戰至下午，陣地仍未動搖，並鹵獲迫擊砲七門，機槍六挺，步槍百餘支，及防毒面具多件。夜間十一時，戴師長司令部被襲，同時並發現有大部敵兵向其背後行動，遂放棄同古陣地，向東北轉移。

（上係職在美廟用電話詢問杜副長官所得之情況）。

三、後續部隊之行動：

1. 九六師，除一部已到平滿納外，其主力因廿七日瓢背以南有空車出軌，阻礙輸送達一日夜之久，本日尚未修通。

2. 第六軍之暫五五師主力，仍在黑河待車。

四、第六軍方面：情況無變化。

五、英軍方面：

據英方通知：本日印十七師在普羅美，裝甲第七旅在普羅美稍北，緬第一師在阿藍廟，敵在明拉（MIN-

HLA）、匣那瓦的間約三千人，約馬斯山無敵蹤，印十七師之第一線在何處，未說明。

六、空軍方面：

　　本日黑河機場被炸，共中彈八十餘枚，跑道毀壞，美志願隊是否尚能出動，須明（廿九）日七時以前方能決定。

七、我軍決心及處置：

　　本日上午，史迪威參謀長由瓢背回美廟，仍決心攻擊同古之敵，上午十一時，下達作戰命令，其全文如下：

一、同古方面，我二百師在鐵道之東，正與敵第五十五師團隔鐵道對峙。

　　克永岡附近地區，正發現敵軍活動。

　　我第六軍正面之敵情，無大變化。

　　普羅美方面之英軍團，對當面之敵第三十三師團，仍保持接觸，尚未發生主力戰鬥。

二、我軍以擊破同古附近敵第五十五師團之目的，應于本（廿八）日開始攻擊，與同古附近之我二百師協力夾擊敵人而摧破之。

三、第五軍應于本（廿八）日，以在葉達西集中各部隊開始攻擊敵人，與在同古附近之二百師策應，先驅逐敵之前進部隊後，明（廿九）日或後（卅）日，開始主力戰，迅速擊破當面之敵。

四、第六軍之暫五五師主力，歸杜軍長指揮，應在平滿納附近集中，並在該處迅速構築防禦工事。

五、第九六師，應迅速集中，歸杜軍長指揮，但應以一營
　　留置曼德勒擔任警衛。

六、第六軍（欠暫五五師主力），任務仍舊。

七、余在美廟。

　　此令先由電話下達要旨，史下令後，仍赴前方。

八、後方警備部隊任務之改變及新廿八師之入緬，奉鈞座
　　宥亥侍參電，節開：第六六軍全部（除新卅九師），
　　集中曼德勒、他希間地區。

三月廿九日

一、敵情：

　　平滿納以南有一村莊，緬民集合千餘人，搶印度人
之牛車，並殺死十二人，並有破壞鐵道行動，似為緬奸
操縱。

二、戰況：

　　上午二時起，二百師之電台即與第五軍電台不通。
下午八時許，該師參謀長與杜副長官通一電，略謂：戴師
長在河東岸，現與河西岸部隊交通斷絕，報未發完，亦即
中斷。新二二師繼續攻擊當面之敵，因敵已占領陣地，進
展仍甚緩，其詳細戰況，因敵機轟炸平滿納，電話線炸
斷，迄半夜，史迪威參謀長與杜副長官由葉達西回瓢背，
始知僅將南陽車站攻占一半，消滅敵大隊部一個，獲文件
甚多，敵傷亡二百餘人，另敵砲兵陣地被我襲擊，獲山砲
一門（砲閂已被敵取去），又南陽車站共房屋五幢，甚堅

固，我僅攻下兩幢，敵尚占三幢，下午敵曾反攻，敵我均無進展。我第五軍補二團之一連一度攻占克永岡機場，其一營在同古以西活動（上係綜合前方電話，在大體上我軍已對敵構成包圍態勢，故馬丁由瓢背電告後方，英人極為興奮，竟謂我軍業已包圍敵人）。

三、後續部隊之行動：

> 1. 九六師，本日下午鐵路修通，該師後續兩團，一團已到平滿納，一團尚在途中，其先頭團已由平滿納運抵葉達西北方約十英里之沙瓦（SWA），其留于曼德勒之一營，因英軍未交防，駐于曼德勒南方約八英里之密脫其（MYITNGE）。
>
> 2. 第六軍之暫五五師主力因黑河、他希間之客車出軌，須明（卅）晚始能修復，故該部仍在黑河待車。

四、第六軍方面：情況無變化。

五、英軍方面：

我朱聯絡參謀廿八日電，普羅美西南約二十英里伊洛瓦底江東岸，有敵約五百餘人，西岸有德欽黨千餘人，印十七師上午八時在龐得（PAUNGDE）與敵千餘人作戰，印十七師長準備予敵以打擊（龐得在那塔林之北鐵道線上，距普羅美約三十三英里）。又本日接美廟英緬軍總司令通報稱：「英軍現決採取局部攻勢，其部署如次：以印十七師守備阿克坡，並為掩護左翼起見，擬攻占楊格里（NYUNGLAY），現駐跑康（PAUKKAUNG）之緬甸第五步兵營，擬向同古陽動，緬甸第一營由朝北洞

（KYAUKPADAUNG）向蘇賓道（SHWEBAANDAW）
及其以東地區前進。各上述計畫，決于明（卅）日實行，
英軍已在東步（TONBO）與敵接觸。又上述行動，絕不
影響普羅美方面之安全，加老土打（GEOUSTER）團已
在龐得與敵接觸，我裝甲旅將派往增援，以作將來作戰之
準備」等語。

六、空軍方面：

　　昨（廿八）日黑河機場被炸後，本日南桑機場又被
炸，兩跑道均炸壞，而瓢背機場之加油設備迄未完成，
以上皆為僅可使用之前進飛行場，故美志願隊始終未能
出動。

三月卅日

一、敵情：

　　敵經旬餘苦戰，僅得占領同古城，對我二百師未能
加以擊破，判斷此後短期內將對我採取慎重行動，而對
普羅美方面或將有所動作（此係本團在當時之判斷）。
下午四時，敵機在臘戍、曼德勒道上之細胞附近降落五
個降落傘，判斷係放下搗亂我後方之奸細，但迄未拿獲。

二、戰況：

　　二百師戴師長已率領所部脫離敵人，到達葉達西東
面約四英里之河東岸（即西當河上游之東岸），除炊爨
器具、通信器材多有損失，及師部人員因受襲擊尚未歸
隊外，部隊未受甚大損失，傷亡共約二千餘人，新二二

師仍在南陽車站東西之線與敵對戰，戰況無大變化。

三、我軍決心及處置：

　　杜副長官擬改攻為守，已令新二二師守正面，並以一部兵力分守東面渡口，掩護二百師退後整理，其處置如下：

  1. 工兵團及九六師之一團，位置于葉達西以北十英里之沙瓦，構築工事（已到達）。

  2. 九六師主力，位置于平滿納構築工事（已到達），築完後，再推進至平滿納與沙瓦之間，構築工事，以便節節打擊敵人。

  3. 暫五五師主力，現在黑河待車，將來擬位置于他希及其以西地區。

（上係據瓢背杜副長官下午五時廿五分電話）。

四、本團意見：

　　第五軍應以一部與敵保持接觸，主力在平滿納附近準備會戰（本團參謀處並建議暫五五師可在棠吉不開，其理由為顧慮毛奇、景邁方面，至于第五軍之後方，因六六軍之新卅八師即將到達，可不必顧慮）。

五、第六軍方面：

　　情況無變化，毛奇方面之公路，已由該軍著手破壞。

六、英軍方面：

　　據英緬軍總司令情報如下（參閱插圖第十）：

　　（按此情報係四月一日收到，此特提前敘述者）。

  1. 普羅美及斯維當（SHWEDAUNG），緬民幾全部參

加敵軍作戰，內中並有德欽黨所組織之偽軍千餘人。英第一軍團部所在地之阿藍廟及蔡耶特模（THAYETMYO），將來亦有同樣事件發生。

2. 廿九日，英裝甲兵一營、騎兵一營、步兵一部攻略龐得，但敵大部在巴地岡（PADIGON）。英軍對其攻擊，整日未克，同日印十七師之四十八旅及裝甲兵一連由荷帽扎（HOMAWZA）向巴地岡攻擊，但敵偽軍則同時渡河攻擊斯維當，雙方發生激戰，被英軍擊斃二、三百名，俘偽軍七十名，但河之西岸英軍一隊攻敵失敗，全隊被敵殲滅。刻河西防線已破壞，敵可隨時渡河攻擊英軍連絡線，因之龐得與巴地岡英軍機動部隊遂向後撤。

3. 卅日敵軍主力增援斯維當，英軍準備以印十七師留一部守普羅美，以主力由荷帽孔攻擊敵人，由南北夾擊斯維當，使龐得之裝甲部隊可以突圍，如此計劃失敗，則印十七師殊有被敵包圍之危險，今後英方可以增援者，只有緬一師之兩旅，但該師仍須留一旅于阿藍廟及蔡耶特模也。

七、空軍方面：

英由印度調新空軍來緬事極渺茫，美志願隊因無前進機場，未向前方出動。

八、後方警備部隊之行動：

第六六軍之新卅八師先頭後日（四月一日）可到芒市。以上為同古戰鬥經過，至此告一段落。

所見

一、同古戰鬥，完全未能達到作戰目的，就積極方面言，史迪威參謀長三月廿一日之命令為拒止敵人，三月廿八日之命令為擊破敵人，但三月廿一日所規定之兵力，直至同古戰鬥之第五日（三月廿五日），始有一個補充團開始參加，而二百師在同古戰鬥共為八日，此後三日中，亦僅再有兩個補充營參加，其餘第五軍之直屬隊（最要者為特種部隊），及暫五五師主力，均未能趕到參加，既與預定使用之兵力相差懸遠，又缺乏特種兵器，當然不能達成拒止敵人之目的。至于三月廿八日，攻擊命令甫經下達，而二百師即于是晚撤退，對于該令企圖夾擊敵人之作戰思想，當日即被根本推翻，就消極方面言，不但未能掩護第五軍主力之集中，而且破壞其集中，因係臨時挪用後續部隊（包括新二二師及九六師），遂使第五軍主力自瓢背起經平滿納直至葉達西止沿途安置，以致不成形勢也。

二、所以發生上述情形之原因，第一為運輸太壞，第二為求速勝之心太切。查臘戍至曼德勒鐵道為 181 英哩，約等于 280 公里，行車速度縱以每小時 20 公里計算，亦僅需 14 小時（其平時客車為 12 小時）。又曼德勒至同古為 220 英里，若止至葉達西，則僅為 203 英里，約等于 300 公里強，僅需 15-16 小時，以上由臘戍經曼德勒至葉達西之全部行車時間，連同每一列車軍隊上下車之時間，總共應不超過一天半。又黑河至他希為 98 英

里，約等于 150 公里，他希至葉達西為 123 英里，約等
于 190 公里，即黑河至葉達西共約 340 公里，行車時間
僅需 17 小時，連同每一列車軍隊上下車之時間，全部應
不超過一天。可惜英方在軍事緊張之際，鐵路既不歸軍
事管制，客車又不停開，對于我軍運輸，每師分為四個
梯隊，每天開出一個梯隊，再加緬奸作祟，兩路均發生
出軌阻路情事，當然無法適應戰機矣。但我方在此極端
困難之情形下，竟忘卻利用自己中緬局之汽車，輔助鐵
路運輸，而一切均惟英方是賴，亦屬咎由自取，夫運輸
情況既如此其壞，則我軍當不必待至三月卅日，應即改
變決心，選擇另一地點集中兵力，預定另一時期與敵決
戰，而不宜強求速勝，其理至明，不此之圖，則二百師
所以不被敵人單獨消滅者，誠僥倖也。

　　三、二百師在同古戰鬥八日，于第四日（三月廿四
日），前進陣地尚未被敵奪取，而本陣地之後方即被包
圍，據其所報，前進陣地之兵力僅為騎兵一團、步兵一
營，而四日間之戰鬥經過則非常激烈，是否已將本陣地
之預備隊注入前進陣地，致無法應付敵人之迂迴，雖未
據報，不得而知，但嚴格言之，在戰術上不能無過失。
惟就全部經過觀之，敵兵力一師，至少已使用兩聯隊以
上，且為步砲空協同攻擊，戴師長所指揮之部隊，僅為
尋常兵種，並無砲兵、戰車及其他利器，尤無空軍助戰，
而苦戰八日，在包圍狀態之下，竟能全師而退，故在戰
鬥方面，實為有聲有色也。

　　四、三月卅日，本團主張改在平滿納準備會戰，誠屬合理，但對于同古、毛奇公路業已開放後，我在毛奇地區應如何增強配備，以保障平滿納會戰之安全，則缺乏注意。本團參謀處建議暫五五師主力在棠吉不開，而未提出立以該部增強毛奇地區，亦未能引起前方之深切注意。

　　五、同古之戰，為全緬甸整個戰役後來如何演變之關鍵，史迪威參謀長深刻認識其重要性，故第一次命令為拒止敵人，第二次命令為擊破敵人，而敵人亦十分審慎，對伊洛瓦底江方面遲遲不動。假定我軍全力能到同古，則敵亦必全力轉向同古，勢必演成同古會戰，此時普羅美方面之英軍或者不至仍無行動，此一會戰勝敗誠不可知，但比同古失守後敵可張開兩翼分東西兩路由伊洛瓦底江及毛奇方面向我中路主力軍之遠後方突進，致我于任何一地皆難以構成會戰，實較為得策也。

第三節　平滿納準備會戰及放棄會戰

三月卅一日，為平滿納會戰準備開始之日，是日下午七時，瓢背杜副長官著手草擬遠征軍第一路司令長官部平滿納附近會戰計畫，其概要如下：

一、方針：

軍以持久消耗敵人之目的，即以阻擊兵團逐次阻擊消耗敵人後，以固守兵團吸引于平滿納附近，待其膠著，以機動兵團轉取攻勢，將敵夾擊包圍于平滿納附近而殲滅之。

二、指導要領：

1. 以阻擊兵團扼守沙瓦河北岸，利用兩例森林狹長地區，構築縱深據點工事，拒止敵人，特以一部尾擊敵人，並對敵軍竄擾之小支隊，以裝甲部隊協力控置部隊掃蕩之。

2. 敵如被阻于沙瓦河以北之狹長地帶，則軍應迅速以機動兵團進擊敵人而摧破之。

3. 敵如突破我阻擊兵團對平滿納行攻擊時，則固守兵團應堅守陣地，吸引敵人，俟其膠著時，然後以機動兵團轉取攻勢，阻擊兵團由敵之側後尾夾擊而殲滅之。

4. 陣地之占領，必須四周設防，具備獨立持久性，特對于被包圍及後方連絡線被遮斷時能繼續獨立作戰。

陣地前方、側方之森林，應造成廣大之阻絕地帶，

凡能通行之道路，均應加以阻塞。

5. 敵如向我正面行陽攻而以主力指向毛奇或普羅美方面時，則軍應行斷然之出擊，並以機動部隊適時支援該兩方面之作戰。

6. 會戰前，游擊支隊應不斷向南陽、同古以南至庇尤間之敵襲擊，破壞交通通信，遮斷敵後方，並偵察敵情，戰鬥間，應行強襲同古城及同古飛機場。

三、兵團部署：

1. 騎兵團　騎兵團主力。

2. 阻擊兵團　以新二二師為基幹，配屬所要特種部隊（略）。

3. 固守兵團　以九六師為基幹，配屬所要特種部隊（略）。

4. 機動兵團　以二百師為基幹，配屬所要特種部隊（略）。

5. 游擊支隊　以新訓處所轄補一、二兩團為基幹，配屬所要特種部隊（略）。

6. 砲兵隊　第五軍砲兵團主力，及砲十八團第一營。

7. 戰車隊　戰車三連。

8. 工兵隊　工兵團主力。

9. 通信隊　通信營。

　其餘略（按上項計畫係四月四日收到）。

本日各方面之情況如下：

一、第五軍方面：

 1. 新二二師，正面僅有砲戰，杜副長官已令該師以一部位置前方與敵保持接觸，主力控置後方，準備敵人進攻時，可逐次抵抗及尾擊，以使平滿納之會戰有利。

 2. 二百師，仍在葉達西東面西當河之東岸，準備今晚向沙瓦東側地區移動，即暫在該處整頓，準備爾後參加平滿納會戰。

 3. 第六軍之暫五五師主力，仍決開一部到他希，並構築工事。

二、第六軍方面：情況無變化。

三、英軍方面：情況不詳。

四、敵對我後方要地轟炸目標，已逐漸推廣，本日敵機兩批各十餘架轟炸臘戌，當地防空情報極壞，第二次轟炸時，我正掛起安全信號。

四月一日

一、新二二師正面，敵我均在前線加強工事，雙方對峙，戰況沉寂，該師主力已撤至後方構築工事。

二、我右側支隊（補充團），在敵後游擊，頗活躍，我左前方亦派有補充團之一營擔任游擊。

三、二百師昨夜已到沙瓦東側地區。

四、暫五五師之一團（3R），已到他希，陳師長已到瓢背謁杜副長官，其留于黑河、棠吉附近者，為師直

　　屬隊及步兵兩營（按該師已有步兵一團另一營接防
　　毛奇、羅衣攷地區）。

五、第六軍方面：情況無變化。

六、英軍方面：情況不悉。

七、本日敵機又炸臘戍。

四月二日

一、我五、六兩軍方面情況均無變化，惟敵機十餘架炸
　　平滿納，燒毀民房商店，同日敵機炸他希，地方損
　　失甚重。

二、英軍方面，據朱連絡參謀冬寅電稱：普羅美昨（一）
　　日晚失陷，目前英軍部署如下：

　1. 印十七師及緬一師之一旅在阿藍廟南八英里處布防。

　2. 緬一師師部在阿藍廟北三英里處。

　3. 裝甲部隊在阿藍廟北一英里處。

　4. 敵兵力不明，判斷為第三十三師團之一聯隊，番號
　　　為214聯隊。

三、杜副長官以冬未代電送出卅一日所草擬之會戰計
　　畫，並提出意見如下（按此代電于四日始接到）：

　1. 俟新卅八師先頭到達曼德勒後，懇飭九六師留曼之
　　　一營歸還建制（按此營後來何時調赴前方歸建，未
　　　據報）。

　2. 略（即計畫內之方針及部署）。

　3. 九六師支援新二二師作戰之287團，擬即飭開列威

（LEWE，在平滿納西南約20公里），構築工事。

4. 略（係說明暫五五師各團之位置，第三團仍留
他希）。

5. 委座手示，以由薩爾溫江以東之部隊抽調兩團以上
兵力至棠吉、他希附近，策應鐵道正面，並防敵由
景邁來襲棠吉，此抽調兩團，是否即指暫五五師，
抑指九三師。職意薩爾溫江以東，九三師（加四九師
之147R）共有四個團，擬將車里裝備團調任景東方
面防務，而將景東之九三師（欠一團）開棠吉附近，
所遺車里防務，由第一集團軍推進一部擔任。

四月三日

一、我五、六兩軍方面情況無變化，惟敵機十餘架又
轟炸平滿納，投彈多枚，焚毀房屋多棟，我軍損
失甚小。同日敵機炸曼德勒、梅克提拉、耶麥升
（YAMETHIN）等地，曼德勒損失最大，房屋燃燒
後，緬僧復乘亂縱火，市街被焚約十分之七。

二、英軍方面，據朱聯絡參謀電：普羅美之敵為第
三十三師團，轄 213、214、215 三個聯隊。又據緬
督軍事連絡員稱：阿洽布本（三）日晨被敵登陸部
隊占領，本午該處附近海面發現敵航空母艦及五千
噸運輸艦各一艘等語。但是項情報，英緬總司令部
拒絕承認。又據朱聯絡參謀本（三）日電，其內容
如下（參閱插圖第十一）：

1. 緬第一師之第一旅在大英大波（DAYINDABO）
   及明港（MINGAN）附近，掩護印十七師向阿藍
   廟八英里之伊瓦塘（YWATAWNG）及不威特吉
   （BWETGYI）、克遙克帕當（KYAUKPADAUNG）
   之線撤退，印十七師即準備占領此線。
   緬第一旅掩護任務達成以後，則準備向蔡耶特謨
   （THAYETMYO）轉進。
   緬一師之另一旅在阿藍廟。
   其第十三旅則尚在向南輸送途中，擬位置沙喀當
   （SAGADAUNG）及英渡沙（INDAWTHA）之線。
2. 裝甲第七旅在阿藍廟北三英里。
3. 緬軍團部在唐得文伊。
4. 敵占普羅美以後，沿普羅美以北公路有部隊向大英
   大波方向輸送，康喀倪（KYUNGALE）有敵載重汽
   車百餘輛。

四月四日

一、新二二師正面沉寂，該師一部仍在南陽車站東西之
　　線與敵對峙，該師主力在沙瓦。

二、補充第一、二團在敵之側後方游擊並搜索。

三、二百師已移至沙瓦北方之塔街衕（THAGAYA），將
　　繼續移至平滿納北方之開當岡（KYIDAUNGGAN），
　　預定本晚可到。

四、九六師在平滿納，因普羅美方面英軍後撤，為顧慮

側背安全，派一營赴沙斯瓦（SATTHWA）築工警
戒，于本晨乘汽車，利用牛車路輸送（按平滿納至
沙斯瓦原通火車，當時不明何故不乘火車，後乃知
英方對于該路已不開車）。

五、第六軍方面：甘軍長本日曾發出無線電，略稱：由
同古向毛奇前進之敵，先頭約六百人，已到柏拉瓦
（PALETWA，在毛奇之西約三十三英里），但本
團及杜副長官當日均未收到此電，故仍認為該方面
之情況無變化。

暫五五師，第一團在毛奇、保拉克地區，第二團之
一營在羅衣攷地區，第二團之兩營及師直屬隊在棠
吉，第三團在他希，極為分散。

六、英軍方面：據英緬軍總司令部情報：

1. 普羅美方面，印十七師之一旅及裝甲第七旅，已開
至沙斯瓦（按即已又向北撤退甚遠）。

2. 普羅美北方大英大波附近伊洛瓦底江之西，昨（三）
日晨發現敵卡車一百輛。

七、我第六六軍新卅八師之位置及曼德勒接防問題：

1. 該師先頭團（114R），本日已抵臘戍，師部及113R
明（五）日可抵臘戍，112R 後（六）日可抵臘戍。

2. 本晚據美廟侯代表電話稱：英方首席聯絡參謀馬丁表
示其個人意見，謂在曼德勒防禦計畫未完成以前，
希望新卅八師暫駐臘戍，勿開曼德勒。

八、本日敵機三次飛襲平滿納，低飛掃射，本團為考量

全般情況，特統計敵空軍近半月來之動態（如插表
第五），復綜合全般情況（如插圖第十一）。當時
因眩于英軍之撤退過速，僅認伊洛瓦底江方面為非
常危險之方面，而以為毛奇方面有自己軍隊，十分
可恃，又未接到毛奇方面發生敵情之情報，遂未感
覺毛奇方面亦有同樣危險。

插表第五　近半月來敵空軍動態表

一、三月二十一、二兩日，敵機轟炸馬格威英空軍基地，英空軍全滅（此時正為同古戰鬥開始之際）。
二、三月二十六日，敵機轟炸普羅美（此時正為同古戰鬥最烈之際）。
三、三月二十七日，敵機轟炸普羅美及馬格威（此時正為同古戰鬥勝敗將分之際）。
四、三月二十八日，敵機轟炸黑河機場，二十九日又轟炸南桑機場，跑道均壞，我美志願隊失去前進飛行場（此時正為我新二二師反攻同古之際）。
五、三月二十九日，敵機轟炸平滿納（此時正為我九六師主力向平滿納集中之際）。
六、三月三十一日，敵機轟炸臘戌，四月一日又轟炸臘戌（此時正英空軍司令部改變基地于臘戌之際，但英飛機並未到）。
七、四月二日，敵機轟炸平滿納，同日轟炸他希（此時正為我平滿納會戰準備開始之際）。
八、四月三日，敵機又轟炸平滿納，並轟炸平滿納之後方要地曼德勒、梅克提拉、耶麥升一帶（此時亦為我平滿納會戰準備開始之際）。
九、四月四日，敵機又三次飛襲平滿納，低飛掃射。
以上敵機動態，在同古戰鬥完了後，以直接間接對平滿納發生影響之次數為多。

參謀團調製　三十一年四月四日于臘戌

四月五日

一、新二二師正面平靜。

二、二百師昨（四）日夜已到開當岡。

三、第六軍方面：無報告。

四、英軍方面：據朱聯絡參謀本日電，其內容如下（參閱插圖第十二）：

1. 緬第一師司令部本（五）日晨撤退馬格威，其第一旅在阿藍廟東南方之不威特吉（BWETGYI），第二旅在阿藍廟河之西岸忙牙里（MONZANI），第十三旅之一營在阿藍廟。

   今（五）日晚，其一、二兩旅將沿河撤至明拉（MINHLA）集中，至第十三旅之一部及車輛等，則自阿藍廟由公路轉至集中地，目下在阿藍廟控有戰車一營。

2. 印十七師，昨（四）日準備由阿藍廟南方之伊瓦塘向阿藍廟北之木岡（MOGAUNG）撤退，其在克遙克帕當之一旅今日擬撤至坡丁（PAUNGDIN），爾後該兩旅分向興邦威（SINBAUNGWE）、里約賓沙（NYAUNGBINTHA）移動。

   印十七師之另一旅及裝甲第七旅，已撤至沙斯瓦。

3. 阿藍廟南二十餘公里處之色帕爾（SEPALE）及起馬威（KYMAWE）發現敵軍百餘人，帕得（PADE）則有敵軍六百人。

   敵三十三師團214聯隊、215聯隊，其位置不明。

4. 普羅美方面之英軍作戰經過，據英方公布：與敵激烈戰鬥，並受相當損失，爾後即行撤退，惟其實際則英軍並未抵抗，僅有警察及地方團隊從事戰鬥。

5. 英方準備放棄阿藍廟，僅留一部于該處，任退卻

掩護。

五、本日羅長官到緬任職。

四月六日

（瓢背電話不通）

一、第五軍方面

提要：阻擊兵團戰鬥開始。

　　據羅副參謀長魚戌〔戌〕電（此電于七日始接到），葉達西正面之敵三百餘，砲十二門，戰車三、四輛，騎兵一部，拂曉以來，向我新二二師警戒陣地三面包圍攻擊，迄晚仍對戰中。

　　他希以北火車又出軌，傷亡二百餘人。

二、第六軍方面

提要：毛奇西 20 英里于三月卅日即已發現敵情。

　　1. 毛奇地區：本日接甘軍長支電轉據第五軍平射砲營營長王錫福卅日毛奇電（按王係由同古退至毛奇者），毛奇以西路標80 英里處（按距毛奇20 英里），發現敵蹤；毛奇以西路標27 英里處（按距毛奇73 英里）之柏拉瓦（PALETWA）鐵橋，經由戴師工兵排破壞；又接甘軍長卯？電（編按：原文如此），毛奇以西公路橋梁，已由暫五五師之第一團與英方守橋人員由路標26 英里（按距毛奇西74 英里）至毛奇段加以破壞；又接甘軍長本（六）日專函，毛奇西方廿六公里處敵六、七百人已與陳師第一團之一連接觸中，毛奇以東

之墨色（MESE）亦發現泰軍數百人（按墨色在薩爾
溫江東岸）。

2. 猛畔地區：無變化。

3. 景東地區：本日接甘軍長江電轉據英方情報，刪日
有汽車三百輛，滿載敵兵抵景線以北四英里（有進
犯景東企圖）。

三、英軍方面：無報告。

四月七日

一、敵情

1. 杜副長官虞晨電，同古之敵大部集結克永岡，僅留
少數維持城區秩序，南陽、同古間敵加緊修復我破
壞之橋梁道路。

2. 同右陽午電，連日來，仰光至同古運輸頻繁，近由
仰光調至同古方面敵已達二千餘人，並揚言最近增
兵三萬人。又敵于占領同古後出布告安民，並宣傳
最近可達曼德勒組織新政府。

（上兩電八日始接到）。

二、第五軍阻擊兵團戰況

1. 新二二師廖師長虞戌〔戍〕電：

A.迄目前止，敵我雙方在對峙中，下午六時許，
敵集中砲火對葉達西東北約三英里之因旦
（INDAING）轟擊，我陣地一部被突破，死傷甚
眾，現正從事恢復攻擊中。

B. 敵已渡過西當河，有向陣地迂迴之企圖，我正加緊戒備中（此電係當日接到，此時南陽車站東西之線似已放棄，但未說明）。

2. 杜副長官虞晨電，我廖師葉達西前進陣地戰況至烈，我以傷亡慘重，于本日四時撤出葉達西（此電于八日始到）。

3. 同右陽午電，沙瓦正面之敵，與廖師仍在麥底特（MEAET，按此地名未查出，似在葉達西之北）繼續激戰，有向我廖師陣地兩翼迂迴企圖（此電於八日始到）。

4. 同右陽申電（此電于八日始到）。

A. 敵由葉達西以西山地向我廖師迂迴，刻在沙瓦西南約七公里阿列明（ALEMYAUNG）與我六十四團激戰中，敵我傷亡均大。

B. 我六十六團已對步砲連合之敵攻擊，現到達沙瓦東南約十一公里之英白提（INPETLET）以南。

C. 敵機不斷在上空偵察。

5. 同右陽亥電（此電于八日到）：

A. 敵一部強渡沙瓦河，迂迴我右翼之阿列明，現正激戰中。

B. 阿列明北約二公里之色如（SEZU）以西山地，發敵便衣隊四、五百名，已飭掃蕩。

三、第六軍方面

提要：毛奇于四月六日即已發生戰鬥。

1. 毛奇地區：暫五五師第一團列團長魚午電（轉據電），敵一百六十人、砲兩門、裝甲車一輛、運輸車六輛，到達毛奇西十英里，自晨以來，在毛奇西端與我第八連激戰中。又魚申電，敵死傷一排以上，我第八連第一排亦全部犧牲，第四排長失蹤，敵增加六、七百人。
2. 猛畔地區：無變化。
3. 景東地區：無變化。

四、英軍方面：據朱聯絡參謀魚酉電，英軍之位置如下（參閱插圖第十三）：

1. 緬第一師，第二旅在明拉，
   第一旅在米陽邑（MIGYAUNGYE），
   第十三旅在舍牙哥克（THITYAGAUK）。
2. 印十七師，主力在唐得文伊及沙斯瓦間地區，其四十八旅在可可孔（KOKKOGON）。
3. 于興邦威、里約沙賓之間，配有少數警戒部隊。
4. 敵尚未到阿藍廟。
（按英軍又已後撤）。

五、本日敵機炸美廟。

四月八日

一、第五軍阻擊兵團戰況：據杜副長官齊申電如下（此電于九日始收到）：

1. 渡過西當河西岸向我新二二師迂迴之敵，已被擊退。

2. 竄沙瓦西南河北岸阿列明（ALEMYAUNG）之敵三、四百，仍在該地與我對峙中。

3. 敵我戰線位置仍在沙瓦河南岸（離沙瓦約六至十公里）。

二、第六軍方面：通信不靈，未接到報告。

三、英軍方面：據朱聯絡參謀魚電稱，據緬一師參謀長稱：

1. 昨（五）日午敵主力由大英大波北進，一部敵約六百，由該處東（按約七英里）之帕得（PADE）北進，另一部約一百在白得東（按約五英里半）之新多克（SINDOK）北進，今（六）日晨尚未見到達阿藍廟附近。

2. 緬一師師部及第十三旅之一營，已達馬格威東十二英里之冕里（MYENE）。

第一旅昨（五）日午由阿藍廟沿河東岸撤至泥布也沙（HGABYETHA）。第二旅由蔡耶特模沿河西岸撤至林洋（LINGYAUNG）。

3. 印十七師之四十八旅及軍團直屬裝甲旅，集中沙斯瓦。印十七師之其他兩旅，尚在沙斯瓦、里約賓沙間輸送中。

又據朱聯絡參謀魚酉電，英軍今後之部署（參閱插圖第十三）：

1. 其部隊，于A. 明拉、B. 米陽邑、C. 舍哥牙克、D. 可可瓦、E. 里約賓沙，包含沙斯瓦之線。

2. 第二旅位于明拉，直接由軍團指揮。

3. 第一旅位于米陽邑。

4. 第十三旅位于舍哥牙克。

5. 印十七師之四十八旅及裝甲旅位于可可瓦，歸斯考特（即緬一師師長）指揮。

6. 印十七師餘部，置于唐得文伊、沙斯瓦線上。

7. 少數警戒部隊配于興邦威、里約賓沙。

四、我軍部隊調動：本日鈞座在美廟指示如下：

1. 暫五五師駐他希之第三團，仍調回棠吉，歸還建制。

2. 新卅八師派一團至他希（按該師大部已到曼德勒）。

3. 由景東九三師調一團至棠吉，作第六軍之預備隊。

4. 平滿納之九六師派一團至沙斯瓦築工。

四月九日

一、第五軍阻擊兵團戰況

下午十時羅副參謀長電話：新二二師仍在沙瓦河南岸與敵激戰，全正面約十英里，敵總兵力約一師團，在西當河東岸者約一聯隊。

二、第六軍毛奇地區戰況

提要：毛奇已于六日失守。

本日接甘軍長虞午電，其內容下：「據鍾營長稱，敵優勢兵力，分兩路包圍，已于魚日午後十一時退出毛奇，鍾營現轉至南也黑（MANMEHEK）以西約八英里，與敵對峙中」。

三、英軍方面：無報告。

四、我軍決心及處置：

　　本日晨職向鈞座呈述意見後，于下午九時致羅長官、杜副長官並請譯轉史迪威參謀長一函，其內容如下：

1. 我軍決在平滿納附近與敵決戰（攻勢防禦），此決心已蒙委座採納。

2. 九六師在平滿納附近占領陣地，拒止來攻之敵，此點蒙委座採取，並指示續派沙斯瓦之兩營如尚未出發即停止派遣。

3. 新二二師由沙瓦正面逐次抵抗，吸引來攻之敵，爾後以主力向平滿納東側地區轉進，掩護九六師之左翼，以一部向平滿納西南地區轉進，掩護出擊部隊之展開。

4. 二百師及新卅八師（欠一團）暨英軍裝甲第七旅，為出擊部隊，移動于平滿納西南地區，準備攻擊，待敵膠著于九六師之陣地前，即對其側面攻擊，壓迫于鐵道線以東之山地而擊破之。關于此點，委座認為曼德勒以南火車員工缺乏，恐不能將新卅八師運上去，故決定以第五軍之全力擊破來攻之敵，但甚希望英方之裝甲第七旅全部至少半部參加決戰。

5. 第五軍之兩補充團，其第二補充團仍在平滿納西南地區游擊，努力截斷敵人後方連絡線，第一團則在平滿納、同古間之鐵道以東，努力截斷敵人後方連絡線。

6. 暫五五師努力擊破毛奇方面之敵後，逕向同古進出，占同古，對仰光方面警戒，以主力向北，直攻敵人背後（按本團當時對毛奇方面之敵人，實不免估量太輕）。

7. 英軍方面，希望其亘平滿納決戰全時期中，能固守阿藍廟北側陣地，使敵人不能進攻沙斯瓦，致威脅我出擊部隊之右側背。

8. 新卅八師之一團（欠一營），留曼德勒作工，其一營則任臘戍警備。

以上各條恐不甚明瞭，特附要圖（該要圖所標示之部隊位置僅係一種概念），究應如何作戰及英方之意見如何，乞于決定後示知。

四月十日

（本日瓢背電話不通）

一、敵情：下午十時據美廟侯代表電話：

1. 新二二師當面之敵，約為五十五師團全部，昨俘虜之敵兵，係隸屬該師團143聯隊第三大隊第七中隊，敵軍重砲約計榴彈砲九門。

2. 據英方息，敵方廣播稱，最後增援部隊已到仰光。

3. 今日午後，阿藍廟之敵，其步兵一營竄抵沙斯瓦正西十五公里之雅集多（YAGYIDAW）。

二、戰況：據美廟侯代表電話：

1. 第五軍阻擊兵團方面：我新二二師當面之敵，已渡過

沙瓦河，突破我右翼陣地，我右翼略向後退，敵我現在沙瓦附近之線對峙（按即沙瓦河南岸陣地業已放棄），新二二師準備留一部于沙瓦，主力向第二陣地轉進。數日來，我軍計傷營長三員、傷亡連長九員、士兵一千二百餘名，又數日來敵機甚活躍，昨（九）日對平滿納至沙瓦間襲擊。

2. 第六軍毛奇方面：毛奇之敵，前（八）日未時，仍與我列團之一部在毛奇東五公里附近對峙中（按此時無線電通信最壞，昨、今兩日之情況，本團亦未接到甘軍長之電報）。又甘軍長卯齊西電所陳處置如下：「陳師主力（欠第三團）推進羅衣攷，由該師長統一指揮，擔任羅衣攷方面之作戰，其第三團主力位置棠吉，以一營守備黑河飛機場，並由呂師開一營至河灣（棠吉東十五公里），為軍之預備隊」。

三、英軍情況（來源同上）

1. 英第一軍團司令部昨（九）日下午到馬格威。

2. 緬第一師昨（九）日下午到達位置如下：

第二旅，明拉；

第一旅，米陽邑；

第十三旅，娘牙村（NYAUNGYATSEN，在唐得文伊與馬格威間）。

3. 印十七師，唐得文伊與沙斯瓦間地區。

4. 裝甲旅，可可瓦（KOKKOGWA，在唐得文伊西）。

四、空軍情況

1. 我美志願隊于上午八時及下午三時，飛往戰地二次，未與敵機遭遇。

2. 今晨五時，敵機一隊襲雷允基地，低空掃射，我志願隊驅逐機八架受傷，其中六架立可修復，二架須兩週後始能修復。

3. 下午三時許，敵機九架再襲雷允，與我志願隊發生空戰，擊落敵機七架，我無損失。

五、本日羅長官在瓢背草擬遠征軍第一路作戰計畫，其概要如下（此計畫于十四日送達本團）：

一、方針

遠征軍以決戰之目的，即以一部利用羅衣攷、毛奇間山地拒止敵人，以主力控制在平滿納附近，派出一部占領陣地，俟敵攻擊頓挫，即轉取攻勢，捕捉于戰場而殲滅之，作戰準備，應于四月十五日以前完成。

二、指導要領

1. 敵人向我進攻時，我右翼英軍及左翼部隊，應在沙斯瓦、羅衣攷以南地區阻擊敵人，掩護軍主力在平滿納附近之作戰。

2. 敵人進至厄那附近轉取守勢時，我軍應即適時反攻，以求決戰，我右翼英軍及左翼部隊，應同時轉取攻勢，以資策應。

3. 羅衣攷、平滿納、沙斯瓦以南之公路、鐵路各要點，應即完成破壞準備，視敵進展情形，適時實施破壞。

4. 于棠吉、他希各附近，應控有力部隊及交通車
　 輛，以便機動使用。

5. 在作戰期間，應請求統帥派空軍（尤以偵察機）
　 前來助戰。

6. 會戰勝利時，以第一線兵團經羅衣攷及平同公路
　 先向同古追擊，以第二線兵團協同英軍向普羅美
　 追擊。

7. 各部隊應于駐地附近構築工事，並于交通要點控
　 制機動部隊，同時切實運用地方人民，協力防止
　 敵人傘兵活動。

三、兵團部署

　1. 軍隊區分

　　遠征軍第一路司令長官　　　羅卓英

　　右翼兵團　　　　　　　　　第五軍

　　左翼兵團　　　　　　　　　第六軍

　　第二線兵團　　　　　　　　第六六軍

　2. 各兵團任務及行動

　　右翼兵團：

　　以一部沿仰瓦鐵路逐次抵抗，誘敵北進，主力控
　　制平滿納附近，派出一部占領陣地，俟敵攻擊頓
　　挫，即一舉反攻，捕捉殲滅。

　　另派出一部于沙斯瓦附近與英軍聯繫。

　　敵進至厄那附近改取守勢時，該兵團應採取積極
　　行動，索敵攻擊。

左翼兵團：

以一部防守泰緬邊境，以主力阻擊由毛奇方面北進之敵，最後應確保羅衣攷地區，掩護軍左翼之安全，如敵停止攻擊時，應採取積極行動，擊攘當面之敵，並向同古附近反攻，以策應右翼兵團之作戰。

第九三師（欠一團），集結棠吉附近，待命使用。

第二線兵團：

以一部（約一團）扼守曼德勒，主力集結他希、梅克提拉一帶，掩護右翼兵團之側翼，視情況參加平滿納之決戰。

3. 作戰地境

以下略。

四月十一日

一、敵情

1. 據暫五五師陳師長灰午電稱，敵卡車120輛，運兵2400名，到毛奇下車。

2. 敵機在沙瓦方面甚猖獗，昨（十）日拂曉起，即沿沙瓦附近之鐵路公路不斷偵察。

二、第五軍阻擊兵團戰況

1. 沙瓦正面，敵以重砲四門、山砲十二門集中火力猛擊，沙瓦城已成焦土。
2. 我新二二師第65團留兩連兵力掩護，該團主力撤至沙瓦北之薩加雅（THAGYA）附近森林沿端占領陣地，我死傷約二百人，敵死傷較大。

三、第六軍毛奇地區戰況

　　據甘軍長佳（九日）午電轉據暫五五師列團長佳晨電：據第三營電話，敵分兩路包圍南也黑，已令三、四兩連向敵側擊，率第二營及第一營之一部向帕桑（PASAWNG）高地截斷敵人歸路，全團稍移攻勢，期殲滅敵人。

四、英軍情況：無報告。

五、第六六軍新卅八師在曼德勒設防狀況

　　據派駐新卅八師連絡參謀報告：該師在曼德勒之部署，係以112團在曼德勒東南部構築工事，並負治安責任，及對敵降落傘隊之防禦，以一營守護伊洛瓦底江鐵橋，113團在皇城內擔任構築核心工事，皇城內防務英軍不願全部交出，已與英方商組連合巡查隊，共負守衛之責，114團（欠擔任臘戍警備之一營）準備開赴他希，現正候車，又曼德勒防務已商定于四月十五日接收。

四月十二日

（本日瓢背電話不通）

一、第五軍阻擊兵團戰況

杜副長官文午電：

1. 我新二二師刻在克陽江（KYAUNGGON）203 及284
   暨其西南約一英里之小橋之線與敵對峙（按即以薩
   加雅為中心之一弧形線，203 為路標，284 為標高，
   均在一英寸比一英里之英文圖上）。

2. 下午六時，敵在新二二師後方之葉尼（YENI）降落
   傘兵四名，未捕獲。

二、第六軍毛奇方面情況

　　本日羅長官因事到臘戍，據面告如下（參閱插圖第
十四）：

　　暫五五師第一團（列團）第三營，于六日至八日，
在毛奇附近作戰後，現與該團失去連絡。該團第二營，
于八日至十日，與敵作戰，傷亡甚大，該團餘部，已于
十一日撤退保拉克附近整理。該師第二團之一營，在土
墻（HTUCHAUNG）以北地區占領陣地，掩護第一團
撤退。第二團主力集結于南柏（NAMHPE）。第三團先
由他希開兩營至羅衣攷，其餘一營待新卅八師派兵接防
後再開羅衣攷。暫五五師師部已推進至羅衣攷。

三、英軍情況

　　下午七時美廟侯代表電話：

1. 朱聯絡參謀今日曾來一電，其前段大意似為「敵襲
   緬一師司令部」，下即不明（按緬一師司令部在馬
   格威，不知何以能受敵襲）。

2. 頃英緬軍總司令部非爾得准將來稱（參閱插圖第
　十五）：

A. 在沙斯瓦西方雅集多之敵步兵一營，繼續向可可
　瓦前進，但唐得文伊至馬格威之公路未被遮斷。

B. 有敵兵一縱隊，沿伊洛瓦底江東岸前進，已抵明
　瓦（MINYWA），其兵力不明。

C. 英方擬將唐得文伊附近之印十七師調至馬格威
　方面。

D. 英方曾要求現在唐得文伊北方十二英里之九六師
　之一營（陳營），進駐唐得文伊接防，但該營長
　未肯承認，請向杜副長官說明英方此種要求可否
　照辦（按九六師之一營，原于四月四日奉令由
　平滿納開沙斯瓦，因火車缺乏，乘汽車由北方繞
　道，經四天行程，始達唐得文伊之北方）。

　　亞歷山大總司令並以書面通知侯代表，略謂：若羅
長官能立即增援，則英軍兩旅，當死守唐得文伊，至最
後一卒一彈等語。

　　除上述情況外，本日復接到侯代表轉來英方通知一
件（遲到四天）略稱：黑河、南桑兩機場，英軍僅留庫
人員及軍事設備，其餘即將撤退，請由第六軍派兵負責
等語。

四、我軍與友軍對于作戰問題之折衝

　　職接上項電話後，當與羅長官研究，認為英軍如放
棄唐得文伊，則沙斯瓦附近之敵，可直攻平滿納之側背

（按後來始知沙斯瓦並無敵人），假定其兵力有一個聯隊以上，則我在平滿納決戰，必受其害，當囑侯代表轉達英軍當局，告以平滿納會戰在即，印十七師不可西移。

下午十一時接侯代表電話稱：已晤亞歷山大總司令，其意見如下：

1. 如華軍能予唐得文伊之英軍以援助，則英軍決留印十七師之兩個旅死守唐得文伊。

2. 九六師在唐得文伊北方之一營，須開到唐得文伊，並須再開兩營到唐得文伊。

3. 沙斯瓦或已被敵占領，故九六師續開之兩營，應由平滿納乘火車北上，至他希，改乘汽車西進，到公路與鐵路之交叉點，再乘火車南下至唐得文伊。

五、我軍之處置及本團之意見

職接到上項電話，即再與羅長官研究，認為保障平滿納會戰，其應占領之要點在沙斯瓦而不在唐得文伊，窺英軍之用意，仍係等候我軍一到，即便交防，或竟不待我軍到達，即先將主力移去，我為促英軍履行諾言，並謀自己側安全起見，均有續開兩營之必要。遂立囑侯代表轉告亞歷山大總司令，我軍決以一團援助唐得文伊之英軍作戰，但其續開兩營所取之道路為平滿納至沙斯瓦之捷徑，又該團全部首應到達之目標為沙斯瓦，並由羅長官立電杜副長官實施。

上項處置完了後，本團深慮唐得文伊之英軍縱暫時不走，然萬一平滿納正在酣戰未決之際，彼若被敵人壓

走，則我當立陷于危，遂向鈞座函陳意見如下：

1. 如須貫徹平滿納決戰案確保緬甸中部，則應另以一
   師兵力（不由平滿納決戰兵力中抽調）迅速接替唐
   得文伊、沙斯瓦之防務，並應再以一師兵力接替伊
   洛瓦底江防務，但此案以時間許可為先決條件。
2. 如擬變更決戰地點，則應迅速準備曼德勒會戰。

六、敵我空軍情況

1. 接英方四月五日情報：景邁機場據報敵機在二百架
   以上。
2. 接甘軍長十日電，近兩日來，敵空軍在本軍防區活躍，
   九日未刻，敵機十餘架炸卯克買（MAWKMAI），並飛
   黑河、南桑一帶掃射。十日午，敵機廿餘架炸棠吉（按
   卯克買在羅衣攷東北，圖上直線距離五十一英里，此時
   英方正續修卯克買至希生【HSIKSENG】之公路，希生
   在羅衣攷北方之公路上）。
3. 美空軍本晨六時半有轟炸機五架轟炸普羅美前方敵
   軍，結果不詳。
4. 美志願隊驅逐機三架，本晨七時四十五分飛同古，
   對敵機掃射，毀敵機三架，又在空中擊落敵偵察機
   一架，我一架受傷，仍飛返基地。
5. 我送信機一架（中國驅逐機），昨下午派赴瓢背送
   信（因杜副長官電話不通），天晚，被迫降落于瓢
   背以北十餘公里處，機壞，乘員無傷。

四月十三日

（瓢背電話仍不通）

一、敵情

1. 美廟侯代表電話：英機轟炸仰光，在附近海面發現敵運輸艦四十艘，每艘平均五千噸，共可載二個師團。

2. 杜副長官元子電：新二二師傳令軍士被俘脫逃回稱，敵方有東北口音之兵士，告以當面敵人有一個半師團，重砲四門，野砲十四門。

二、第五軍阻擊兵團戰況

1. 杜副長官元子電：新二二師正面之敵，約步兵千餘，配有戰車六輛，刻仍在薩加雅東西之線對戰，西當河、克陽江東西兩岸亦發現步砲連合之敵千餘，似有向我左翼迂迴企圖。

2. 杜副長官元寅電：我新二二師之64團，仍在薩加雅與敵激戰，昨（十二）日黃昏後，敵猛烈砲擊，繼以步兵、戰車猛攻，經我反攻肉搏，敵攻擊暫停，我66團在模拉（MYONLA，按即薩加雅之北七英里）。

3. 杜副長官元午電：敵我在薩加雅北端東西之線對峙（按即退出薩加雅），新二二師主力已轉進至模拉。

三、第六軍方面：未接到報告（似已向羅長官有報告）。

四、英軍方面

本日接杜副長官文酉電（此電係轉據九六師在唐得文伊之陳營長及朱連絡參謀電），又由侯代表轉來朱連絡參謀文酉電，其綜合情況如下（參閱插圖第十六）：

1. 沙斯瓦有敵二千人，沙斯瓦東北舍舖營有敵百餘人（按此項情報似為我連絡參謀得自英方之告知，後來證明完全不確）。

2. 十日黃昏，山馬吉（SANMAGYI）發現敵約二中隊強，十二日午，分兩路北進，一部經英賓干（INBINGAN）抵山干古（SANGANGYI），一部到加桑（NGASAUNG），緬一師派四八旅之一營、戰車一部赴可可瓦以西之英京根（INGYINGAING），協助第十三旅，夾擊加桑之敵，其第一旅之一營移至苦隴（KUNON），另一營移至坎多（KANDAW），準備協同十三旅消滅山干吉之敵，十二日午，已在加桑開始接觸。

3. 緬一師司令部至十二日下午六時止，未得任何報告。

4. 印十七師先遣之一營，十一日晚抵唐得文伊北方28英里之納特卯克（NATMAUK）（按係向北撤退）。

5. 十一日午後，敵向可可瓦之四十八旅猛攻，十二日晨，仍在對峙，十二日午後，該旅派戰車一營向敵反攻，在可可瓦南之YOKAINGZO（此地名未查出）敵受重創，損失甚大，敵向南退卻，其兵力及退卻方向不明。

6. 可可瓦西，公路曾一度被敵封鎖，十二日午後，已將該敵擊潰，十一日有少數殘敵及戰防砲在沙多坦（THADODAN）南公路以北之小村莊，英軍正進行肅清中。

　　此外又據侯代表電話：敵一中隊，沿伊洛瓦底江東岸北進，本（十三）晨已佔米陽邑。

五、臘戌英空軍司令部情報

　　1. 昨（十二）日九時十五分，英機五架轟炸里約賓沙各村莊，未發現敵蹤，阿藍廟、唐得文伊道路間未發現敵軍行動（按此情報與我連絡參謀在當地英軍所得之情報大有出入）。

　　2. 彥南陽油田現在燃燒中（按此係英軍自行破壞）。

六、我空軍動態

　　美志願隊本日僅飛往第一線一次，未收何種戰果，午後氣候不良，未出動。

七、第六六軍後續部隊之行動

　　據張軍長電：新廿八師銑（十六）日可全部到達臘戌，軍部續開。

八、我軍與友軍對于作戰問題之折衝

　　昨日我方允以九六師之一團開至沙斯瓦後，本日英方復要求再開一團至唐得文伊，羅長官又允其要求，不意本日深夜，亞歷山大總司令面告侯代表，提出三點：

　　1. 九六師原擬增開沙斯瓦之兩營，速前進攻敵之側背，支援英軍之作戰。

　　2. 唐得文伊之印十七師兩旅移至馬格威，其唐得文伊之防務，由九六師在該處之一營接替。

　　3. 前曾允派唐得文伊新卅八師之一團，改開馬格威，所用車輛，由華軍自備。

（按上述要求，等于英軍前線全部交防，而毫未提及英軍爾後之任務）。

羅長官之答覆如下：

1. 第 1 項無問題。

2. 第2、3 項我允派一團至唐得文伊支援，不開馬格威，且印十七師不得放棄唐得文伊。

3. 關于車輛問題，可由我方自行設法。

九、本團之意見及與羅長官商決之處置

　1. 意見

　　A. 敵新增援兵，判斷不下一師，如加于側面，則平滿納會戰困難。

　　B. 英軍已有放棄在緬作戰之徵候，判斷將向緬印邊境逐步撤退。

　　C. 毛奇方面之敵，雖未逾一聯隊，但敵用兵慣于蹈瑕乘虛，如其增加部隊，向北弱點擴大戰果，則平滿納決戰亦不安全。

　2. 商決處置

　　A. 對毛奇方面必須使第六軍負責阻止敵人之前進。

　　B. 對唐得文伊仍決由新卅八師派一團前往。

　　C. 令侯代表告亞歷山大總司令，不得將唐得文伊之兩旅英軍撤退，但此著恐無效果。

　以上意見及商決處置，于次（十四）日函陳鈞座。

十、平滿納附近會戰部署及預定決戰日期

　本日接杜副長官十二日代電，送到平滿納附近決戰

部署要圖一件（如插圖第十七），並于代電說明其概要
如下：

1. 作戰指導，如三月卅一日所擬之平滿納附近會戰
   計畫。
2. 新二二師于會戰開始前撤至平滿納西南地區，占
   領陣地，並以各一營留置列威（LEWE）及莎堤
   （THAWATTI）。
3. 九六師以一團固守平滿納核心及其以北高地，一營
   占領西當河東岸734、749各高地，主力控置右側，
   協同二百師轉取攻勢。
4. 二百師控置平滿納北十英里附近，構築預備陣地，
   待敵頓挫，由平滿納左翼協同右翼新二二師及九六
   師轉取攻勢，包圍殲滅敵人。
   置重點于左翼之主要理由，為英軍戰車事實上不能
   參加，且沙斯瓦附近已發現敵情，有受側擊之虞。
5. 會戰時期，預定在四月十五日以後，如能在廿日以
   後，則我中型戰車可以趕到參加。
6. 會戰時，第六六軍之新卅八師及新廿八師，暨重砲
   十三團之一營，除留步兵一團在曼德勒，一團在他
   希擔任守備外，全部參加決戰，作為強大之總預備
   隊（按砲十三團第一營，原係配屬第六軍者，四月
   八日奉諭改歸長官部直轄，先開曼德勒附近待命，
   該營于十二日由臘戍出發；又第六六軍之新卅八師，
   此時雖已到曼德勒，但新廿八師及軍直屬隊，則尚

在國內輸送中）。

此外對于陣地編成，如平滿納附近會戰計畫之附屬工事構築計畫之附圖（插圖第十八）。

四月十四日

（瓢背電話仍不通）

一、敵情

1. 本日奉鈞座卯文復侍六電，據報馬來亞敵步兵一聯隊及戰車隊等，于三月廿八日用運艦五艘運往緬甸增援。

2. 羅長官美廟電話：新二二師當面之敵，似係新更換之部隊，是否仍為五十五師團，待證，其砲兵似不甚多，飛機仍甚活躍（按此項情報，本團當時頗有認為敵五十五師團自比林河、培古、同古、葉達西各次戰鬥以來傷亡過大似已與其新到部隊行交換之感，後乃證明為不確）。

二、第五軍阻擊兵團戰況

1. 杜副長官寒辰電：新二二師當面之敵，步兵續有增加，且攻擊力較強，昨（十三）晚，向我陣地夜襲數次，但均被擊退。

2. 同右寒午電：當面之敵，仍在208英里（按係路標）附近東西之線，與66團對戰中。

3. 美廟袁參謀戌〔戌〕刻電話：本日午後，66團之一部在模拉潛伏襲敵，新二二師主力撤至模拉北四英

里之葉尼（YENI）附近。

三、第六軍毛奇方面情況

1. 甘軍長元巳電：雅都（YADO）之敵，向東北前進，有截斷羅衣攷後路企圖，已令棠吉李團第三營即開瓦力苦（WARIKU）（約三小時可到），敵頗活躍，地形複雜，請速飭第五軍派隊並速派空軍前來。

2. 同右元午電：羅衣攷方面情況緊急，元晚赴踠銀（WANYIN）指揮。

3. 同右電：由同古北方東竄之敵，據英方情報，已至羅衣攷西北20英里處（正續探中），果屬確實，則敵可北竄棠吉以西地區，我九三師因待車，本（十三）早始由景東開拔，到達時間不能定，現棠吉無兵，請第五軍對該方注意。

4. 美廟羅長官下午九時電話：暫五五師方面，敵似分兩路，一為羅衣攷本道，一為其西側之道，該師由他希開回之一營，已用于羅衣攷南九英里處，則其緊張可知。

四、英軍情況

1. 杜副長官元亥電：職十三日赴馬格威方面晤英軍團長斯立丹，情況如下：

A.兵力未詳之敵，十二晚已達唐得文伊、可柄（KOBIN）、舍哥牙克、米陽邑之線，米陽邑十二日晚失陷，十三日有敵一小部竄過唐得文伊馬格威間公路。

B.英方似有放棄馬格威意。

C.協定九六師之陳營歸印十七師長指揮，在唐得文
伊作戰。

2. 美廟侯代表上午十一時廿分電話：

A.今晨二時，亞歷山大總司令告以英軍方面情況緊
急，米陽邑業已失守，唐得文伊、馬格威間公路
已被截斷，要求華軍往援。

B.今晨會報，英方通知米陽邑北七英里之敏根
（MYINGUN），昨（十三）日午後被敵占領，
唐得文伊情況不明，英軍準備在馬格威南之銀河
（YIN）抵抗敵人（按唐得文伊實無敵情，惟當時只
聽英軍報告耳）。

3. 美廟羅長官下午九時電話：英軍方面，據亞歷山大
總司令說，情況無變化，惟敵有一師團，而英軍則
久戰甚疲云。

4. 瓢背第五軍李處長下午十一時半電話（此時瓢背電
話甫通）：

A. 唐得文伊至馬格威公路上有敵人，但唐得文伊之
情況不明。

B. 英軍當面之敵，僅為三十三師團之一聯隊，其主
力似仍在普羅美。

C. 杜副長官昨到馬格威，英方表示馬格威只能守數
小時。

五、敵我空軍動態

1. 美志願隊于午前十時飛同古上空偵察，因敵防空砲火甚烈，天候不良，故收獲甚少。
2. 敵機十八架今晨炸瓢背，車站被毀，下午申刻，同機數又炸瓢背。
3. 甘軍長元午電稱：敵機27架十三日巳刻襲景東，損失未詳。

四月十五日

（瓢背電話又不通）

一、敵情

本日奉鈞座卯寒電：灰（十）日仰光到敵運輸艦？艘（編按：原文如此），運來敵軍一萬餘，卡車二百餘輛，寒（十四）日起程北開。

二、第五軍阻擊兵團戰況

1. 杜副長官刪辰電：

A. 新二二師66團撤至大蘭雅（DAUNGLANGYA）時，與敵發生激戰，傷亡百餘名，刻在該地北約一英里處與敵激戰。

B. 65團在路標214、215附近與敵激戰，敵增援猛攻肉搏，戰況激烈。

2. 同右刪午電：新二二師在打蘭雅北約一英里之葉尼（YENI）南端亙河西岸之線，與敵對戰。

三、第六軍毛奇方面戰況

1. 甘軍長寒晨電：羅衣攷南十六英里之敵，已被我驅

逐。又寒酉電：暫五五師當面戰況沉寂。

2. 同右刪辰電：暫五五師正面之敵，昨（十四）夜起，向我土墻（HTUCHAUNG）二團之陣地攻擊，現仍在戰鬥中，英方稱毛奇、南也黑（NANMEHEK）之敵約三千，雅都（YADO）約七、八百，已令暫五五師派有力部隊限期攻取雅都。

四、英軍情況

美廟羅長官電話：亞歷山大總司令稱：馬格威已于昨（十四）日午後被敵占領，油田已于昨夜破壞，唐得文伊情況未據報。

五、我空軍動態

美志願隊本日午前由瓢背出動，未遇敵機，瓢背昨日被炸，但機場完好，午後三時半又出動一次，結果，無報告。

六、我前方部隊之調動及後續兵團之到達位置

1. 杜副長官十四日上午十時函：派九六師兩營至沙斯瓦之電文，迄未奉到，已令擔任同古、沙瓦以西地區游擊之補二團抽一營由該團長率領，于十三日晨沿鐵道向大拉用（DALANGYUN）前進（按大拉用在平滿納至沙斯瓦間之鐵道線上），並指揮九六師在唐得文伊之陳營，掩護本軍側背，惟昨（十三）日與英軍長會晤結果，則決定陳營歸印十七師長指揮。

2. 甘軍長文午電：九三師（欠277團即劉支隊）開河邦（HOPONG，棠吉東十英里），279團用汽車輸送，

銑（十六）可完畢，其餘在待車中，四九師之146團開卯克買，自真日起，用汽車逐次輸送，九三師裝備團已抵昆明，到達佛海尚須時日，前奉令另派一營守車佛，因兵力不敷，請予免派。

3. 第六六軍新廿八師劉師長抵臘面稱：該師分四個梯隊運輸。

第一梯隊（83R）已抵遮放，十六日可到臘戌。

第二梯隊（師部及直屬隊）已抵龍陵，十七日可到臘戌。

第三梯隊（84R）已抵保山，十八日可到臘戌。

第四梯隊（82R）已抵永平，十九日可到臘戌。

七、我軍與友軍對于作戰問題之折衝

本日上午，史迪威參謀長及羅長官在美廟與亞歷山大總司令會商，其當時所知之情況及協議事項如下：

1. 敵三十三師團，係沿伊洛瓦底江北犯，其先頭已過馬格威。

2. 緬一師現況不明。

3. 印十七師之一旅在唐得文伊，其另一旅及戰車團在可可瓦，餘一旅移唐得文伊之北納特卯克。

4. 戰車一部現移馬格威北方，將來擬移至他希西之梅克提拉。

5. 我新卅八師派一團至納特卯克，又派一團至喬克巴唐（KYAUKPADAUNG）。

6. 我第五軍在平滿納決戰原計畫照常進行。

據聞在會商時，亞歷山大總司令曾建議改在他希、梅克提拉與敵決戰，史迪威參謀長不同意，亞問有何把握，史要求英軍在右翼不走。于是決定上述協議之案。

四月十六日

（瓢背電話不通）

一、第五軍阻擊兵團向平滿納本陣地轉進

  1. 杜副長官銑辰電：我新二二師已于昨（十五）晚安全轉入預定陣地。

  2. 同右銑未電：我二二師64、65兩團，于本（十六）日晨七時已向新陣地轉進完畢，66團在路標224英里附近之線掩護該師主力轉進。

  3. 上午七時至下午六時，敵機二十餘架連續轟炸平滿納。

二、第六軍毛奇地區戰況

  本日接甘軍長元（十三）申電一件，已屬過去情況，昨、今兩日戰況，未接電報，惟有一重要電報，即甘軍長寒酉電，略稱：英方車輛不足，據稱九三師部隊最快十二天方能運完（按該師係十三日由景東起運，目的地為河邦）。

三、英軍情況

  1. 朱聯絡參謀刪（十五日）酉電：

    A. 據被俘逃回之士兵稱，英吉岡（AINGGYIGON）有敵約二千名。

B. 英軍在銀河以南地區與敵接觸中，敵兵力不詳，馬格威尚未撤退，但預計十六日晨撤至彥南陽附近。

C.彥南陽之油田大部已破壞完畢，現仍在燃燒中。

2. 朱聯絡參謀刪戌〔戌〕電，英軍現在部署如下：

　1. 軍部在格威約（GWEGYO）。

　2. 緬一師師部在馬格威；第一旅在坡孔（POKKON）；第二旅在明拉至明布（MINBO）之途間，向緬一師師部集中；第十三旅在薩也特里賓（THAYETLEBIN）。

　3. 裝甲旅一部在馬格威東二英里處。

　4. 印十七師師部在唐得文伊。

　　六十三旅在唐得文伊以西地區。

　　十六旅在唐得文伊東附近。

　　四十八旅及裝甲旅主力在唐得文伊附近。

　（按亞歷山大總司令謂馬格威已于十四日午後被敵占領，而上電則稱馬格威至十五日晚尚在英軍手中，足證英軍預有放棄計畫）。

3. 本日下午，美廟侯代表據英方通報：

　1. 英軍部在格威約。

　2. 緬一師在彥南陽。

　3. 印十七師在唐得文伊，派一旅至納特卯克。

　4. 史迪威參謀長前夜在納特卯克，據一英軍官報告，當面敵人發現214、215聯隊，位置不明。

　5. 十四日下午一時竊聽得敵偵察機報告「明拉無敵

蹤，荒木（按為三十三師團之步兵指揮官）部隊
到達明拉南方之 BRAK」（各地圖均未查出）。

四、空軍情況

美志願隊本日出動一次，因霧層甚厚，無結果。

四月十七日

（瓢背電話仍不通）

一、敵情

臘戍英空軍部情報：英哈德森機（HUDSON）于四
月十五日二時四十分及十六日十時十五分偵察仰光後之
報告：

1. 于仰光發現汽船一艘，七千噸。
2. 于緯度 16°45' 北 96°13' 東發見汽船二艘，各六千噸。
3. 于培古發現汽船一艘，四千噸。
4. 于緯度 16°46' 北 16°12' 東發現貨船式樣之汽船二艘，各三千噸。
5. 于穿特（TWANTE）運河（仰光西十英里）發現第一級驅逐艦一艘，一千五百噸，及小艇六組。
6. 于緯度 16°50' 北 36°07' 東發現汽船一艘，一千噸。
7. 于緯度 16°36' 北 96°15' 東發現汽船一艘，二千噸。
   以上船之總數，約為三萬二千噸。

（按上述船艦不多，可以判斷敵運後續部隊之大船
團早已卸載他去，但當時未予注意）。

二、第五軍方面情況

提要：第五軍平滿納會戰準備已完成，新二二師主力已
　　　轉入平滿納本陣地。

1. 瓢背羅長官篠子電：昨（十六）晚與杜副長官通電話
（按杜已到葉金YEZIN），第五軍會戰準備已完成，
新二二師已轉入平滿納西南地區，敵已進入隘路（按
即沙瓦迄易拿【ELA】之隘路），但易拿無敵蹤。

2. 葉金杜副長官銑戌〔戌〕電：新二二師已占領陣地
完畢，當面之敵刻與該師掩護部隊一連在路標224英
里附近接觸中。

3. 同右篠午電：敵騎十餘，至易拿附近與我搜兵遭遇，
被我擊退。

三、第六軍方面情況

毛奇地區

1. 錢連絡參謀銑亥電：暫五五師正面情況穩定，九三
師先頭五個連到河邦，四九師146團先頭一營預計可
到羅衣攷以北地區。

2. 瓢背羅長官篠子電：羅衣攷西南雅都之敵已被擊退。

3. 甘軍長篠子電：據陳師長報稱，當面之敵，自十五
日拂曉開始攻擊以來，我將其擊退，乃于十六日夜
從路標61英里處（保拉克南十英里）以數百人偷渡
南盤河（NAMPWN），截斷我第二團後方，我正派
第三團增援，因汽車只有數輛，不能全部輸送，已
飭以增援部隊消滅該敵。

4. 同右篠午電：暫五五師一、二兩團，輾轉調遣消耗，

已漸顯不支，擬以四九師之164團，九三師之278、
279兩團歸呂師長指揮，為出擊兵團，向土墻之敵進
襲，已請長官部于河邦準備汽車。

猛畔地區：無變化。

景東地區：甘軍長篠西電：據英方情報，敵軍大部集結
　　　　　泰北，企圖進犯景東。

四、英軍情況

　1. 羅長官篠子電：英軍向後撤退，敵人活躍，但據土
　　民報稱，沙斯瓦無敵蹤。

　2. 朱連絡參謀？電（編按：原文如此）：緬一師當面
　　之敵為三十三師團之214聯隊，印十七師當面之敵為
　　三十三師團之215聯隊。

　3. 同右銑晚電：緬一師十六日晚已由馬格威撤退，其
　　師部及一旅與十三旅向彥南陽轉進，第二旅沿伊洛
　　瓦底江西岸向喬克（CHAUK）轉進。

　4. 同右篠申電：緬一軍軍長已令新卅八師之一團沿公
　　路開赴彥南陽。

　5. 奉鈞座篠卯令一元電：新卅八師迅以兩個團增援英
　　軍方面，並具報。

四月十八日

（瓢背電話仍不通）

一、第五軍方面情況

提要：敵已接近我平滿納本陣地，其主力已向易拿附近

　　集結，向我列威前進陣地攻擊。

1. 葉金杜副長官篠戌〔戌〕電：十七日未刻，敵集中
   砲火向列威北轟擊，掩護步騎兵約五百人，向列威
   攻擊。

2. 瓢背羅長官本日上午五時函：向平滿納前進之敵，已
   向易拿開進。

3. 瓢背杜副長官本日代電，送來所獲敵軍第五十五師
   團十五日集結位置要圖一份，該要圖係第五軍情報
   員馬玉山被俘竊取逃回呈繳者，如插圖第十九（按
   此代電于廿三日收到）。

二、第六軍方面情況

毛奇地區

1. 羅衣攷甘軍長銑酉電：據陳師長報稱，十六日我第
   二團主力仍在土墻橋附近與敵戰鬥，第三團于十六
   日由南柏（NAMHPE）即向該方面增加，第一團
   經縮編為兩營，以一營進攻雅都，一營位置于梅當
   （NGWEDAUNG）為師預備隊，師司令部移駐魯梭
   （HPRUSO）。

2. 甘軍長篠申電：據陳師長篠未報告，南柏路標43英
   里處有敵數十，向我襲擊，企圖遮斷我保拉開與南
   柏之連絡，南柏西南約三英里處亦有槍聲，敵兵力
   未詳，當以有力部隊驅逐該敵，三團李團長率兵一
   營至保拉開增援中，第二團並以一營于路標47英里
   處占領陣地等情，已飭該師竭力抵抗，俟軍主力集

中，轉移攻勢。

3. 同右篠戌〔戌〕電：敵于十七日未刻以主力攻南柏
   東二英里處，經我由北方及保拉開部隊左右夾擊，
   迄暮仍在戰鬥中，陳師主力已使用，除向雅都之一
   營外，手中僅餘一營，軍決以九三師之279團由河邦
   運羅衣攷以南路標36英里處隘路，逐次抵抗，以遲
   滯敵人之前進。

猛畔地區：無變化。

景東地區：甘軍長篠申電：十二日打其力東十英里蠻白
卡（MANPAHKA）有小接觸。

三、英軍情況

1. 朱連絡參謀篠午電：敵一部，兵力未詳，于十六日夜
   由側翼繞道彥南陽以北七英里處，包圍英軍之運輸車
   及戰車一營，英軍與敵激戰終宵，現一部已突圍。

2. 同右篠酉電：包圍彥南陽北七英里之敵，被英軍
   戰車擊退至賓河（PIN）以南，新卅八師113團本
   （十七）午後由喬克巴唐開赴賓河以北之喬雅多
   （KYAUNGYADAW），緬軍團部十七晚撤至格威
   約，緬一師師部撤至喬克巴唐東四英里處。

3. 美廟侯代表上午十時電話：新卅八師之一團，英方
   令其對彥南陽河流南岸之敵攻擊。

4. 朱聯絡參謀巧酉電：
   A.印十七師之十六旅，已開抵納特卯克西南之克也
   崗（KYAGON）。

B. 印十七師師部及其他各旅，仍在唐得文伊集中。

C. 我九六師之陳營，已開到唐得文伊。

5. 同右巧戌〔戍〕電：

A. 據緬軍團司令部稱：占領馬格威之敵，係三十三師團之215 聯隊，現據賓河以南之線，彥南陽以北之敵，係同師團214 聯隊。

B. 緬一師今（十八）日晚在彥南陽附近集中完畢。

C. 緬一師于今（十八日）晨開始協同我113 團夾擊賓河以南之敵，預期將敵擊破後，緬一師由賓河撤至喬克巴唐以東加特崗（KYATKON），同時我113 團可由公路撤至喬克巴唐。

四、我增援部隊及後續部隊之行動

瓢背羅長官巧午電：十五日已令新卅八師兩團分赴喬克巴當及納特卯克兩地，策應英軍，十六、十七完全到達，十七日敵一部越賓河北犯，我喬克巴唐之團正向前迎擊中，請轉知劉伯龍部（新卅八師）抵臘戍後不停，即以原汽車開赴曼德勒（按此時新卅八師尚有一團在曼德勒，新廿八師一團到臘戍）。

五、本團對于作戰上之意見

右翼之敵已進至彥南陽附近，左翼暫五五師亦漸露不支狀態，中路之敵更已逼近至平滿納本陣地之直前，我退一步實行曼德勒會戰，或退一步實行以梅克提拉為中心之各個擊破敵人案，其時機均已過去，目前惟有：

1. 貫徹平滿納決戰，努力擊破敵之一路，以解除我之

危局。

2. 澈底脫出敵之包圍圈，一舉退過曼德勒之東北，再
增調兵力，重新部署作戰。

以上意見，于下午十時用電話囑美廟侯代表趕赴瓢
背通知羅長官（因瓢背電話不通）。

六、我軍決心及處置

半夜後，接羅長官本（十八）日五時專函，決心放
棄平滿納會戰，改守梅克提拉、敏揚之線，準備曼德勒
會戰，其全文如下：「十七日手示奉悉，杜軍長昨推進
葉金，弟與史將軍今日午後赴平滿納視察 96D 陣地，晚
回軍指揮所，準備明日會戰之開始，今早三時返抵瓢背
時，本部參謀長楊業孔及史將軍之參謀米樂 FOMERILL
回報（弟昨派他二人赴英方連絡及研究敵情，同時派蔣
科長赴 6A，蔣明日可回）：（一）昨（十七）晚九時在
雜也堪（ZAYETZON）附近會晤英軍（軍團）司令官
IT-GEN. SLIM，得知馬格威方面之緬軍第一師毫無鬥
志，敵三十三師團先頭（不詳兵力）于午後已越過平河
（PIN），向喬克巴黨方向前進，緬軍第二旅已撤過河西
岸，其第一、第十三兩旅被敵遮斷于也綿羊（YENANG-
YAUNG）附近，正苦戰中，軍團部于十七日午後五時轉
移至雜也堪附近。（二）唐得文伊仍在英軍手中，但其
第十六旅今十七日晨撤至腦莫克（NATMAUK）。（三）
我孫師兩團十七日已到喬克巴唐及腦莫克兩地，其在喬
克巴唐之一團，奉英司令命令以兩營沿公路向西南方向

阻敵前進等語。我軍猛受此威脅，而新廿八師又未完全到達瓦城（編按：即曼德勒），遂與史參謀長同下決心，放棄平滿納之會戰（第五軍今獲敵要圖，敵 55D 主力已集結衣拉附近完畢，今日向我前進中），退守敏揚、密克特拉之線，準備瓦城之會戰。部署大要，令 66A 劉師固守瓦城，先派一部占領敏揚、棠沙對西南警戒，孫師前方兩團，逐次阻敵，會合于喬克巴當後，以棠沙為後路，節節阻敵前進；令五軍先抽二百師回佔密克提拉、瓢背之線，掩護主力轉進，以九六師在平滿納堅強抵抗當面之敵，該軍以棠吉為後方，準備在密克地拉、他希一帶側擊北犯之敵。英印軍第十七師後撤方向未得知。上各項，特先奉聞。時機急迫，請兄速向樵峯先生交涉大批車輛，以五十輛送棠吉歸甘軍長區處，以一百五十輛送曼德勒、他希、瓢背歸弟區處，並希望派幹員陸續押送使用為禱，又 66A 軍部及劉師部隊最好到臘戌後即以原汽車開瓦城為妥。電話不通，急煞人也，請設法嚴令王、聶兩君負責調整，務使暢通，否則嚴辦。」以上係平滿納準備會戰及放棄會戰之經過。

所見：

一、平滿納會戰應否放棄，迄今猶為一爭論之問題，言應放棄者，謂當時情況，縱不為西路之英軍行動所搖惑，但東路毛奇方面，一星期之後，所有羅衣玟、雷列姆、棠吉等地事實上均被敵人突破，彼時平滿納會戰不但

無利，且必被敵澈底包圍，陷于悲慘之境地；言不應放棄者，則謂毛奇方面後來所發生之情況，並未為當時所預料。羅長官于放棄會戰之後，尚以棠吉為第五軍之後方，準備在他希、梅克提拉一帶側擊北犯之敵，其對西路情況，實係觀察不清。後來我新卅八師之一團即能擊退彥南陽之敵，至于平滿納正面，敵人一師，業已展開兩團，其預備隊不過一團，此敵久戰疲憊，損失甚大，即將墮入我之網中，會戰立可開始，以我第五軍之全力，不難將其擊破，而雷列姆、棠吉被敵突破，尚待一星期之久，在此期間內，我已會戰完了。我如未勝，自己退卻，我如已勝，自當進出同古以反包圍毛奇敵人之後方，尚何懼敵人之包圍我乎。況自同古戰鬥于三月卅日結束以來，截至四月十八日，同古、毛奇公路業已開放十九日之久，我阻擊兵團于四月六日與敵開始戰鬥，經過十日之久，敵人到達平滿納陣地前面，又經過三日之久，而敵對毛奇方面所使用之兵力尚不超過一聯隊，又毛奇方面自四月六日被敵開始攻擊以來，迄四月十八日，亦已十三日之久，以該方面兵力之薄弱，配備之疏散，而羅衣攷尚在我手，由此可知敵後續一師團，除用一聯隊于毛奇方面外，為顧慮平滿納會戰，至少暫時控置兩聯隊于同古附近，準備待機而動，並防我軍之反攻。我一放棄平滿納會戰，敵即毫無顧慮，將同古控置之兵，用于毛奇，衝破羅衣攷、雷列姆，直向臘戍突進，使我中路主力軍在臘戍以南任何地點皆不能立足。若謂實行平滿納會戰將被此路敵人所包圍，然則放棄

會戰之後，果已脫出此路敵人之包圍乎。以上兩說，吾人不能不認後者為合理，不過亦不能謂為毫無破綻，即當面之敵自四月十五日進抵隘路口展開以來，遲遲不進，並未貿然投入平滿納直前之小盆地內，萬一敵人把住隘路，只以少數兵力行牽制攻擊，而專用後續部隊力求東西兩路之發展，則其情況為何如。在此情況下，我若轉移攻勢，但在隘路中作戰，我新二二師即已抵抗十日之久，敵之一師，其抵抗程度當更強，萬一我未攻到同古而敵之東西兩路業已進至我之後方，則我之處境又何如。然而戰場原為錯誤之場合也，敵人既已控制後續部隊之主力于同古附近而有所猶豫，即不能謂其絕對不犯錯誤，在兩均錯誤之中，惟勇敢者惟能補償自己之錯誤，而捕捉敵人之錯誤。故平心而論，吾人贊成有理由之勇敢行動，不放棄平滿納會戰。

二、平滿納會戰應否放棄，吾人尚不欲強行斷定其是非，吾人所欲探討者，即何以造成如是局面。英軍在緬，原無堅強作戰之意思，其行動固不足深論矣，惟我方真正失敗之原因，在最初立案即有錯誤。蓋平滿納會戰之根本條件，首須使東西兩路有保障，三月卅一日杜副長官之平滿納附近會戰計畫，僅就第五軍之立場，規定平滿納附近地區內之軍隊應如何作戰，關于英軍行動，則待諸商討。該計畫在一局部之戰術範圍內，頗屬合理，確有擊破敵人之把握，惟對第六軍所擔任之毛奇方面，亦缺乏注意，故四月二日之代電，仍留暫五五師之第三團于他希，

雖曾顧慮西路之空虛，擬將景東九三師（欠一團）調至棠吉，但未規定毛奇地區必須使用之兵力，及必須固守之陣地。四月十日羅長官之遠征軍第一路作戰計畫，因當時情況之發展，對東西兩路，業已十分注意，並確實規定英軍與第六軍之任務與行動，該計畫指導要領第1條，規定：「敵人向我進攻時，我右翼英軍及左翼部隊，應在沙斯瓦、羅衣攷以南地區阻擊敵人，掩護軍主力在平滿納附近之作戰。」第2條復規定：「敵人進至厄那附近轉取守勢時，我軍應即適時反攻，以求決戰，我右翼英軍及左翼部隊，應同時轉取攻勢，以資策應」，上兩項最屬合理，但惜對于英軍之任務與行動，純為我方片面意思，並無拘束力，不免失之玄虛。而英軍自四月一日放棄普羅美，四月五日放棄阿藍廟以來，逐日撤退，未嘗休止，以致該計畫已失敗一半，至對東路方面，在兵團部署內規定：「左翼兵團（即第六軍）以一部防守泰緬邊境，以主力阻擊由毛奇方面北進之敵，最後應確保羅衣攷地區，掩護軍左翼之安全」，此項尤屬合理。但又規定「九三師（欠一團）集結棠吉附近，待命使用」，不免多所控置，而第六軍在毛奇方面遂根本不成主力矣。查該計畫內原規定第六軍主力有兩重任務，即除上述任務外，尚有「如敵停止攻擊時，應採取積極行動，擊攘當面之敵，並向同古附近反攻，以策應右翼兵團（即第五軍）之作戰」，故對道路破壞，亦規定「羅衣攷以南之公路各要點，應即完成破壞準備，視敵進展情形，適時破壞」，而不規定預先破壞。因此關

係，對于景東九三師之運輸，執行者並不積極，一以委之
英方，而英方于派車事件，除對接防及增援該軍，十分熱
心外，對我軍內部之調動，則極不願意，遲延極久，以致
後來雷列姆業被突破，而該師主力尚未到齊。大凡會戰保
障，欲以最少兵力掩護側翼安全，則其主作戰方面必須原
為純攻擊性，使敵人行動完全受我主宰，若僅為攻勢防
禦，待敵來攻，然後出擊，則于側翼發生危機之際，我主
力軍不易強迫當面敵人及其後續部隊不轉向側方注入，擴
大戰果，故此等半被動性之會戰，對于側翼保障只有預先
以其應當使用之兵力，確實占領陣地，構築工事（應不止
一線），備敵來攻，尤須預先破壞道路，設置阻絕，以防
敵人突擊，固然須有機動部隊準備出擊，但不必預先控
置，不事設防，而坐待出擊機會之到來也。平滿納會戰，
對于東西兩路之保障，在西路方面，因不能拘束英軍，既
無把握，則對東路方面宜如何鞏固毛奇地區，實為首應著
眼之問題，在三月卅一日之計畫既未顧到，而四月十日之
計劃亦僅以委之暫五五師，而暫五五師盡屬新兵，且在極
端分散之狀態下，以一營、兩營逐次參加戰鬥，既未集中
兵力，更未預先占領陣地構築工事，于是平滿納會戰計畫
縱不被西路英軍之行動所破壞，亦將因毛奇、雷列姆之失
敗而隨之動搖，假使毛奇地區能預先鞏固，則平滿納會戰
實不必放棄。蓋三路作戰，東路能守，中路能攻，餘一西
路，雖不可靠，但我有第二線兵團，尚能補救也。故平滿
納會戰之放棄，實不必問其臨時應否放棄，而應問其何以

對于我自己軍隊守備之毛奇地區亦不能事先鞏固，但暫五五師所以成為分散狀態者，實由同古戰鬥開始時軍隊調動演變而來，其不能矯正之責任，應由本團及杜副長官負之，與羅長官原無甚大關係。

三、平滿納會戰應否放棄，在戰術上並無絕對是非，蓋軍隊撤退，其行動雖為消極的，而其目的則為積極的，主要在由一種不利態勢變為有利態勢，然此次撤退之結果，果否達成此目的乎，此則應為研究之問題也。羅長官與史參謀長放棄平滿納會戰後，決心退守敏揚、梅克拉提之線，準備瓦城（即曼德勒）之會戰，其部署大要為：

1. 第六六軍之新廿八師固守瓦城，該師及六六軍軍部到臘戍後，以原汽車送瓦城。
2. 新卅八師前方兩團（按即增援英軍之兩團），逐次阻敵，會合于喬克巴唐後，以棠沙為後方，節節阻敵前進。
3. 第五軍先抽二百師回占梅克提拉、瓢背之線。
4. 第五軍九六師在平滿納堅強抵抗當面之敵。
5. 第五軍以棠吉為後方，準備在梅克提拉、他希一帶側擊北犯之敵。

以上部署，尤其是撤退位置，根本未脫出敵之包圍圈，嚴格言之，不但未由不利態勢變為有利態勢，而且竟由相當不利態勢變為更不利之態勢，徒使平滿納會戰形勢解體，並將後續部隊送入敵之另一包圍圈內。至于以棠吉為後方而對毛奇、羅衣攷地區缺乏堅強處置，尤屬錯誤，

當時本團意見，如放棄平滿納會戰，則須「澈底脫出敵之包圍圈，一舉退過曼德勒之東北，再增調兵力，重新部署作戰」，可惜未被採行。如果採行，則臘戌或不至于失陷，縱使毛奇之敵有一師團，突破雷列姆後再向臘戌突進，我亦不難以優勢兵力擊破之，不特滇西不至糜爛，而臘戌以北或可保全，縱使不能擊破，而我之主力軍亦可衝回國內，絕不至全被敵人遮斷也。又當時對于三路進攻外線作戰之敵，我在平滿納已可捉住其一路，既放棄之而又欲于另一地點擊破之，殊不知我中路（平滿納）退後若干距離，則敵之東西兩路亦可前進若干距離，其形勢固相等。然當時人心，多以為西路英軍方面最可慮，東路毛奇、羅衣攸不可慮，我主力軍若變更正面以棠吉為後方，向西作戰，即比較安全，而本團對于東路之危機亦未即時提出嚴重警告，實不能不分任其咎。

四、我軍入緬作戰，其負責指揮者，為史迪威參謀長與羅長官，而負責指導者則為本團，英軍之最高指揮官為亞歷山大總司令。本團因任務關係，奉命不能離開臘戌，亞歷山大則長駐美廟，故史迪威參謀長及羅長官如為便于指揮中東兩路及後續兵團，並與亞歷山大總司令密切連繫起見，實不必離開美廟。蓋中路只為第五軍一軍，已有杜軍長兼副長官負其全責也，但史、羅兩負責長官均移至瓢背，于是情況最急之際，我聯合軍之三個高級機關，分為臘戌、美廟、瓢背三處，益以電話不通，遂無互相咨商之餘地矣，此亦為平滿納放棄會戰原因之一。

　　五、假定吾人贊成放棄平滿納會戰，則放棄之時機應為四月十三日，是日亞歷山大總司令向我提出三點，等于將英軍前線全部交防，而毫未提及英軍爾後之任務，是不啻告我決定放棄在緬作戰。當時本團意見：「A. 敵新增援兵判斷不下一師，如加于側面，則平滿納會戰不安全。B. 英軍已有放棄在緬作戰之徵候，判斷將向緬印邊境逐步撤退。C. 毛奇方面之敵雖未逾一聯隊，但敵用兵慣于蹈瑕乘虛，如其增加部隊向此弱點擴大戰果，則平滿納決戰亦不安全」。迄今思之，既有後來之放棄，則不如當時即逕行放棄，尚可多得五日之餘裕時間供我部署，後來之形勢當絕不相同。我阻擊兵團新二二師在隘路中即可達成掩護新部署之任務，絕不至以第五軍僅餘之生力軍一師（96D）擔任掩護新部署之任務，而以戰疲之兩師構成該軍主力也。

　　六、新二二師擔任中路阻擊兵團，戰鬥十日之久（自四月六日起至十五日該師主力轉入本陣地止），確實達到掩護第五軍主力完成會戰準備，及消耗打擊敵人並引敵深入之任務，雖在隘路中作戰，不易被敵迂迴，但其逐段阻擊，交互撤退，除傷亡之外，竟能全師轉入本陣地，在戰鬥上、戰術上均足稱述，可惜任務達成之後，而平滿納會戰即隨之放棄，所有戰果，頓成空虛。

　　七、暫五五師在毛奇、羅衣攷地區，原只四營兵力，另在棠吉兩營、他希一團，部隊過于分散，而毛奇、羅衣攷地區內之配備則尤為分散。查毛奇至羅衣攷之距

離，等于同古至平滿納之距離，在此地區內，零星布置，
毫無防禦重點（見插圖第十一），可謂最初配備即不良
好，然此非該師長之過。蓋決定接防毛奇，為三月十九
日，開始接防毛奇，為三月二十日，此時同古戰鬥尚未發
生，對于毛奇、羅衣攷地區，實僅為警戒性質，而且主要
警戒線為薩爾溫江之西岸，地區既大，事實上不得不將兵
力分散，自然不能構成防禦重點。及同古失守，同古、毛
奇公路開放後，應即變更配備，並于毛奇附近構成主要防
禦陣地。但所有上級機關，對于毛奇、羅衣攷方面，既未
決定加兵，亦未予以變更配備之指示，以致四月六日毛奇
方面一經開始接觸後，不但其棠吉之兩營及他希之一團係
逐次向前增加，即原在毛奇、羅衣攷之四營亦係逐次遇
戰，然戰至四月十八日，業已戰鬥十三日之久，而羅衣攷
尚未失守，且其當面之敵軍亦有一聯隊之多。故緬甸戰局
後來雖由此方面之失敗引起澈底失敗，然其責任不應由部
隊長負之，而應由本團及在緬高級指揮機關共同負之也。

第四節　平滿納會戰放棄後各方面之戰鬥

四月十九日

（瓢背電話不通）

一、西路方面（即伊洛瓦底江方面）

英軍情況

1. 美廟侯代表上午十時廿分電話：據十八日晚喬克巴唐朱連絡參謀電話，據緬一師被俘逃回士兵稱，敵將以大部兵力于十九日晨向喬克巴唐進攻，英方得此消息，已令我駐納特卯克之新卅八師112團火急向喬克巴唐開拔。

2. 同右下午十一時電話：昨（十八）晚，兵力約一千之敵，沿賓河北犯，已抵喬克巴唐南側之高地，有少數英軍抵抗中（按此情報，後來始證明不確）。

我軍情況

1. 美廟侯代表下午十一時電話：我新卅八師之112團已到喬克巴唐。

2. 新卅八師113團赴彥南陽後，情況如何，未據報。

二、中路方面（即平滿納方面）

1. 杜副長官巧皓各電：十八日平滿納南方之敵與我余師警戒部隊接戰，下午四時前後，以砲火轟擊我平滿納陣地，截至十九日上午十二時，仍在平滿納附近繼續激戰中。

2. 同右巧戍〔戌〕電：二百師及新二二師均已開始向

北轉進。

三、東路方面（即毛奇雷列姆方面）

1. 甘軍長篠亥電：在南柏、保拉開中間地區敵屍上搜
   得文件，悉敵番號為龍3733部隊（聯隊）、凡崗部
   隊（大隊）、川村隊（中隊）。

2. 同右巧未電：南皮、保拉克方面，十八日以後敵增
   援攻擊，陳師一、三兩團已撤至南柏北方，保拉克
   已陷。

   現陳師第一團，除赴雅都之第二營外，僅餘三連（按
   該團原已據報縮編為兩營），第二團在土冲被圍，
   第三團傷亡連長四員，兵力亦損耗五分之二。

   九三師279團之兩營（欠一連），正由河邦向南柏
   36英里處輸送中。

   四九師146團之一營，十八日可到羅衣攷北12英里
   之坑別克，該團主力廿日可到坑別克。

3. 同右皓九時電：軍與陳部（暫五五師），自十九日丑
   刻起，連絡隔斷，據林參謀長上午六時卅分由羅衣
   攷南方21英里處回來報告，該處已聞槍聲。另據陳
   部司機報告，敵戰車九輛，上午五時已衝至師部，
   現正派工兵營之一連向南搜索，餘兩連在羅衣攷以
   南占領陣地（按第六軍無線電已嚴令改良，故能接
   到當日之電報）。

4. 同右皓申電：九三師279團已于保拉克北方被圍，該
   師後續部隊（師部及278團）。尚在景東，四九師

146團在羅衣玫以北占領陣地，地區太廣，恐羅衣玫
即失。

四、第二線兵團後續部隊之運輸狀況

新廿八師之83團前十七日已由臘戍開曼德勒，師部
及直屬隊昨十八日已由臘戍開曼德勒，84團本十九日由
臘戍開曼德勒，82團明廿日可到臘戍，到後即開曼德勒。

四月廿日

（瓢背電話不通）

一、西路方路

我軍戰況

1. 朱連絡參謀皓戌〔戌〕電：我新卅八師之113團，
   十九日午已占領彥南陽及全部油田，將敵驅至其南
   三英里處，救出緬一師約七千餘人、輜重車百餘
   輛，該師現向喬克巴唐以東地區開拔中，擬在該處
   整頓。此役敵傷亡五百餘人，我傷亡百餘人，第一
   營長負傷殉職，所獲戰利品甚多，正清查中，因兵
   少為慎重計，已停止前進。

敵情

1. 同右電：據報彥南陽、喬克巴唐間有敵三千餘人，
   但其確實兵力及位置均不明。

2. 杜副長官皓戌〔戌〕電：所傳喬克巴唐與彥南陽間
   敵，恐係我112團前進之誤報。

我軍行動

1. 第五軍之二百師及新二二師，在梅克提拉及雅美丁
（YAMETHIN，又譯耶麥升）不待集結完畢，即向喬
克巴唐及其以南地區前進（汽車輸送），先消滅該方
之敵，再調回原地，應付他方之敵（按此係職約羅長
官在美廟見面，據告自十八日變更決心後與史迪威參
謀長及亞歷山大總司令所商決者，以下第3亦同）。

2. 截至昨（十九）日晚止，二百師及新二二師之各一部
已陸續到達梅克提拉及雅美丁。

3. 第六六軍之新卅八師全部，以敏揚為後方，由喬克
巴唐向彥南陽前進，協助英軍攻擊該方之敵，其原
任曼德勒之防務，交與新廿八師。

敵情

1. 朱連絡參謀哿申電：據113團團長稱，聞喬克巴唐以
南發現少數敵騎，我團現在彥南陽附近搜索。

我軍行動

1. 同右電：我二百師之先頭599團已抵喬克巴唐（按當
時敵人究在何處，無能確實指出者，于是我軍攻擊
之地點及時間，遂無從確定）。

英軍情況

1. 朱連絡參謀哿酉電：

A. 緬一師被救出後，現在喬克巴唐至敏揚公路上之
卜柏約（POPAYWAO），全師今後將移敏揚休息
整理。

B. 印十七師師部仍在唐得文伊，今後將移至納特卯

克，其各旅分置納卯克、唐得文伊，另一旅向喬
克巴唐移動中，裝甲旅全部向卜柏約附近集中。

二、中路方面

1. 截至昨十九日晚止，平滿納我砲兵大部已撤下。

2. 杜副長官舒午電：本（廿）日晨，對我側擊之敵，以
猛烈砲火戰車掩護步兵向我九六師陣地攻擊，被我
288 團擊毀敵戰車三輛、裝甲車一輛，刻已在平滿納
以北附近再戰中（按即已撤出平滿納）。

三、東路方面

1. 錢連絡參謀皓西電：

A. 十九日寅刻，敵裝甲車多輛，出沒于羅衣攷南
八英里處，暫五五師迄無消息，該師與軍連絡已
斷，情勢頗緊。

B. 據九三師279 團朱團長報告，十九日丑刻，敵運輸
車向北行進。

C. 軍部現移駐賽新（HSIHSENG，羅衣攷北三十三英
里），除飭工兵營努力破壞道路，並令四九師146
團在羅衣攷北七英里處及十四英里處占領陣地。

四、空軍情況

美志願隊本（廿）晨出動一次，在平滿納西廿英里
附近擊落敵偵察機一架，繼又第二次飛南桑。

五、我軍之決心及處置

我軍放棄平滿納會戰後，原決心退守敏揚、梅克提
拉之線，準備瓦城之會戰，並準備在梅克提拉、他希側

擊北犯之敵，繼與亞歷山大商定，決先消滅西路敵人，
聞理由為彼時我如不去則英軍要走，繼知喬克巴唐方面
並無目標後，史迪威參謀長與羅長官遂又改定如下：

1. 新二二師在梅克提拉不開。
2. 二百師仍續開喬克巴唐附近，以一部搜索敵情，以
   主力控置待機，並支援新卅八師之行動。
   本日下午得知羅衣攷方面十分緊急，遂又決定如下：
1. 新二二師附戰車及戰防砲各一部，由廖師長率領，
   增援第六軍方面，但須待二百師輸送完畢後乃有汽
   車，而火車又不可靠。
2. 二百師到達喬克巴唐，如敵情不急，則待新卅八師
   集結或站穩後，立即開回梅克提拉。
3. 預定二百師須于廿一日運完，以便迅速輸送新二二
   師（共有汽車百餘輛）。

　　（以上係職于本日在美廟所知之情況，此外本團並
電毛總指揮，請轉美志願隊，自明【廿一】日起，實行
對第二目標，即羅衣攷方面）。

所見：

　　一、以上指揮，不免失之錯亂，查四月十八日放棄
平滿納會戰後，既決心退守敏揚、梅克提拉之線，又準備
瓦城之會戰，而同時部署上又規定第五軍以棠吉為後方準
備在梅克提拉、他希一帶側擊北犯之敵，其決心與部署已
屬不相適合。而四月廿日，又復遷就亞歷山大之意見，將

二百師、新二二師、新卅八師，全部均使用于喬克巴唐方面，當時理由為我不去則英軍要去。查我軍原以英軍要走，故放棄平滿納會戰，該會戰既經放棄，則英軍在喬克巴唐以西以南地區，走與不走，已無重大關係，若謂英軍不走對于我第五軍主力在梅克提拉、他希一帶之側擊有利，則何以又將第五軍主力使用于喬克巴唐方面，若謂擊破西路之敵後，可以回擊他方之敵，試問業已戰疲之部隊，有無此種能力，而純攻擊性之運動戰，又是否原為我軍所長，尤其留于中東兩路之部隊，是否能支持甚長時間，以待西路之勝利，並待主力之回擊。窺當時亞歷山大之意思，不過因據報喬克巴唐附近有敵，該地為彥南陽緬一師，及納特卯克、唐得文伊印十七師，向後撤退必須經過之道路，欲使我軍再行掩護一次而已。我軍與英軍聯合作戰，固屬不能坐視不救，但亦應審查該方真實情況，派出必須限度之兵力，不宜舉我主力以赴，求彼不可捉摸之目標，期待不能確定之攻擊，違反內線作戰之原則，而置自己背後之危險于不顧也。迨廿日下午，明瞭西路情況並不嚴重，同時得悉東路情況非常嚴重後，而猶決定「二百師仍續開喬克巴唐，如敵情不急，則待新卅八師集結或站穩後，立即開回梅克提拉」，其對東路方面，不過決定「新二二師附戰車及戰防砲各一部，由廖師長率領，增援第六軍方面」，但須待二百師輸送完畢後乃有汽車，而火車又不可靠。此等處置，是對不危險方面使用兩師，而對危險方面使用一師，此危險方面之一師，尚須待不危險方

面運輸完畢後，乃能開始運輸，于緩急輕重之分，誠不能免于批評也。

　　二、新卅八師之113團，以一團之兵力，赴援英軍，竟能于短時間內，適應情況，以最勇敢之精神，及最積極之行動，即行攻擊，立解彥南陽之圍，救出英軍七千餘人及輜重車百餘輛，實為緬甸全戰役中最光榮之一頁。

　　三、第六軍甘軍長，對于羅衣攷方面，不待後續部隊集結完畢，逐次到達，逐次注入使用，以致著著失敗，似亦不能免於批評，然為部隊長者，任何人皆不願將其部隊逐次參戰，奈其所奉命令為阻敵于羅衣攷以南，而在非常緊急之情況下，既須從遠距離調兵，又為交通工具所扼，其失敗責任，固不應盡由甘軍長負之也。

四月廿一日

（本日長官部移駐曼德勒南方之皎克西KYAUKSE，電話仍不通。）

一、西路方面

英軍情況：無報告。

我軍情況

　　1. 杜副長官馬午電：新卅八師刻在賓河與敵夾河對戰（按賓河在彥南陽北側）。

　　2. 同右皙戌〔戌〕電：第五軍軍指揮所向喬克巴唐推進。

二、中路方面

　　1. 杜副長官皙戌〔戌〕電：當面之敵與我九六師仍在

平滿納以北地區激戰。

2. 九六師余師長智戌〔戌〕電：四面圍攻我劉團（28
6R）之敵，經？次（編按：原文如此）擊潰，每次來
攻千餘人、戰車六輛、重砲四門、飛機三架，經六時之
堅強抵抗，陣地屹然未動，又攻我凌團（288R）之敵，
經五次擊潰，斃敵甚眾，陣地前獲敵戰車四輛、裝甲車
二輛、重機槍一挺、俘敵兵一名（據供稱係十八師團
28旅團56聯隊之兵），奪回634高地，我劉、凌二
團傷亡頗眾，惜兵力太少，否則今日戰果或更好。

3. 杜副長官馬辰電：九六師在平滿納北開當崗亙642高
地之線，與敵激戰中（按似昨【廿】日夜轉移至此）。

三、東路方面

1. 甘軍長智辰電：

A. 工兵營十九日夜襲宜威當（NGWEDAUNG，羅衣攷
南七英里），未得手，廿日辰，敵向羅衣攷攻擊。

B. 敵攻羅衣攷不下，以汽車繞過羅衣攷西方十英里
處，轉攻我羅衣攷北七英里處之陣地，我梁團（即
四九師146團）第三營陣地之右翼正激戰中。

C. 我派往破壞羅衣攷通安便本（ANGPAL）公路之
工兵排，廿日上午六時，在安便本與敵汽車隊遭
遇，該排傷亡慘重，我汽車亦毀。

D. 暫五五師仍無消息。

2. 同右智午電：

A. 羅衣攷自廿日拂曉起激戰至上午十一時，我傷亡

慘重，迄十二時，已失連絡。

B. 羅衣攷北七英里處，廿日午，敵我仍在激戰中。

C. 緬地方行政人員，英方無法統制，到處大量便衣隊截斷我後方連絡。

D. 廿日午，職僅掌握兩營，縱深配備，拒止當面之敵。

3. 同右哿戌〔戌〕電：敵快速部隊配合飛機、便衣隊，廿日拂曉起，分犯羅衣攷即其以北七英里陣地，廿日上午十時，六英里處亦發生激戰，工兵營及146團之兩營，奮勇迎擊，損失頗重，下午二時起，分由公路東側山地轉進，職率146團新到之一營在河邦以東占領陣地，拒止敵人。暫五五師仍無消息。

4. 錢連絡參謀哿亥電：敵久留米師團（長渡邊井夫）48聯隊（長松本喜六）配合空軍、便衣隊、緬奸等，以快速部隊突過暫五五師陣地，向北突進。

5. 同右馬未電：

A. 敵先頭昨（廿）日午竄至羅衣攷北十四英里後，情況不明。

B. 甘軍約步兵不足二營，由林參謀長森木指揮，在河邦占領陣地，但士氣不振。

C. 軍指揮所已回雷列姆。

（按以上各電所稱若干英里，多指路標而言，又河邦占領陣地，即已退至雷列姆至他希之公路上）。

6. 英方情報：昨（廿）日下午四時，有敵由羅衣攷北進，將截斷河邦公路，又在棠吉東十三英里處發現

敵人。

四、空軍情況

　　本晨美志願隊機四架，飛平滿納轉羅衣攷方面助
戰，結果未詳。

五、第二線兵團後續部隊之行動

　　新廿八師主力已到曼德勒，並已接收曼德勒防務，
開始構築工事。

六、本團之意見及我軍之處置

　　1. 本團意見：用電話囑侯代表立刻派員趕往皎克西徵
　　求羅長官同意，即：

　　A. 可否立即停止二百師之運輸，並改運棠吉。

　　B. 可否令新廿八師只留一團守曼德勒，而令劉伯龍
　　率該師主力或一團由火車運回細胞，並連同第
　　六六軍將到臘戌之軍直屬隊（工兵營、戰防砲營、
　　特務營等），歸一人指揮，再由汽車向雷列姆方
　　向運送，以期與新二二師夾擊北進之敵，並自然
　　掩護極空虛之臘戌根據地。

　　2. 我軍之處置

　　1. 對于A項，羅長官立令杜副長官率二百師及特種兵
　　半部由原車開回，並指揮甘軍，準備擊攘由羅衣
　　攷北進之敵。

　　2. 對于B項，羅長官之意，不必如此辦理。

七、我國內部隊之調動

　　奉鈞座卯哿申令一亨調電：著現駐滇緬路之新廿九

師馬維驥部即派一個團開往臘戌，擔任防務。

四月廿二日

（皎克西、他希電話均不通）

一、西路方面

英軍情況：無報告。

我軍情況：杜副長官馬戌〔戌〕梅克提拉電：新卅八師
廿一日晚仍在賓河北岸之線與敵隔河對戰。

二、中路方面

　　杜副長官馬戌〔戌〕梅克提拉電：平滿納方面之敵，
與我九六師仍在開當岡亘642高地之線激戰，復擊毀敵
戰車一、裝甲車一，並獲重要文件甚多，證明鐵道正面
之敵為五十五師團及十八師團之十二旅團全部，並配屬
重砲、戰車。

三、東路方路

1. 甘軍長智酉電（遲到電）：據279團十九日電，在保
   拉開附近發現敵運輸車、戰車約四百輛。
2. 同右馬午電：
   A. 職就現有兵力，以一連警戒河邦，以146團第一營
      （欠一連）及新到279團之三個連，附砲55團第
      十連，在河邦東八英里占領陣地，歸林參謀長森
      木指揮。
   B. 決再由四九師抽一團，預計二十四日可到。
3. 同右馬申電：棠吉緬奸，廿一日早乘機作亂，開監

放囚，劫掠華僑，十四時麕集四、五百人，入市放火，經我駐棠吉之部隊擊退，現仍潛伏附近山中（按棠吉原由暫五五師留有少數部隊）。

4. 同右養巳電：職昨（廿一）日回雷列姆，林參謀長率步兵六個連在河邦附近占領陣地。

5. 同右養未電：

　A. 本日上午十時，有敵裝甲車四輛，衝破我河邦警戒陣地，向我主陣地猛進，現正激戰中。

　B. 河邦及雷希替（LOISET）附近，敵機廿六架輪流轟炸我陣地。

6. 錢連絡參謀養酉電：頃據林參謀長電話，陣地顯已動搖，軍部尚在雷列姆。

四、景東地區

甘軍長暂亥電，轉據九三師呂師長篠電，英方情報：

　A. 敵約四千，開抵景來及景來北約六英里。

　B. 開至之敵，有多數泰軍開打其力一帶。

五、我國內部隊之調動

1. 昆明行營劉參謀長馬日轉鈞座電：三十六師（欠一團）及新廿九師之一團，開臘戍。

2. 鈞座手令：馬維驥師共先開兩團入緬。

六、本團對于臘戍防務之權宜處置

1. 逕令新廿八師之後尾團（82R），由臘戍、曼德勒道上，中途折回臘戍。

2. 權令第六六軍參謀長張勳亭（甫到臘戍）指揮新廿

八師之82團，及新卅八師原留臘戍守備飛機場之一
營，暨六六軍陸續到臘之直屬隊，擔任臘戍細胞防
務，僅取近警戒，暫不向雷列姆方面增援，俟新廿
九師部隊到達，再歸還建制。

七、其他重要事項

下午五時，我駐臘戍高級連絡參謀馮衍據哈蒲生上
校詢稱，可否將臘戍至曼德勒之鐵路運輸暫停四日，以
便擔任密支那方面之運輸，本團當令轉達哈蒲生，不得
停止臘曼車運，並電羅長官防止英方將車輛調密支那方
面，以免我軍將來運動困難。

四月廿三日

（皎克西電話不通）

一、西路方面

英軍情況：無報告。

我軍情況及敵情

杜副長官養晨報告及養午電：新卅八師主力已後移
至喬克巴唐，一小部仍在賓河北岸與敵對峙中，該方之
敵似仍在彥南揚與馬格威間地區，企圖如何，尚難判明。

二、中路方面

敵情

杜副長官廿一日代電：平滿納正面之敵，為五十五師
團全部及十八師團之廿三旅，附有重砲，並有戰車多輛。

我軍戰況

1. 九六師余師長養丑電，及杜副長官養戌〔戍〕電：
   九六師于廿一日戰鬥結果，敵傷亡二千餘人，我288
   團陣亡團長凌則民，並傷亡以下官兵千餘人，286團
   傷亡及失蹤約四百餘人（該團第三營尚派在唐得文伊
   方面），團長劉有道亦負傷，實力較減，請派兵支
   援，廿二日向雅美丁及達公（TATKON）轉移新陣
   地，廿二日晚仍在達公以南西維苗（SHWEMYO）
   附近之線激戰中。
2. 杜副長官梗辰、梗午、梗酉，各電：廿三日，九六
   師仍在西維苗與敵激戰，至晚撤至達公附近。

三、東路方面

敵情

1. 錢連絡參謀巧戌〔戍〕電（遲到電）：由毛奇方面向棠
   吉進犯之敵，為久留米師團之四八聯隊，及廿一大隊。
2. 甘軍長梗丑電：另發現龍7640代字之敵部隊。

我軍戰況

1. 甘軍長養申電，及錢連絡參謀養亥電：廿二日
   晨，敵裝甲部隊配合步兵，向我河邦陣地攻擊，下
   午二時以後，敵陸續增加，並以飛機六架陸續轟
   炸，我傷亡幾達十分之四，仍于下午十時向猛旁
   （MONGPAWN，在雷列姆西約十三英里）轉移新
   陣地。至此，雷列姆、他希公路已被遮斷，與二百
   師尚未取得連絡，暫五五師雖曾一度通電，但未說
   明其位置。

2. 甘軍長梗申、梗酉兩電：廿三日上午十時，敵開始攻我猛旁新陣地，並以飛機轟炸，其快速部隊及便衣隊衝犯尤烈，我以四九師新到之三個連加入，惟敵眾我寡，午後十二時，雷列姆陷入混亂狀態，軍部乃移至雷列姆北六英里之丙隆（PANGLONG），準備收容。

3. 羅長官、杜副長官梗日各電：本（廿三）日棠吉已為敵佔，我二百師本午抵黑河，杜副長官抵錫維揚（SHWANGAUNG，鐵路終點）指揮。至晚，二百師進展至棠吉西六英里處，斃敵廿餘人，獲汽車一輛。

四、其他重要事項

1. 奉鈞座本梗電令：臘戌、雷列姆公路應即著手破壞。

2. 本團派新廿八師在臘之82團兩個營，于明（廿四）日乘汽車分兩路推進于萊卡（LAIHKA）以北地區，一面掩護甘軍長，一面實施破路，同時通知我政府駐臘各機關迅向國內疏散，並通知俞部長準備破壞臘戌不及搶運之物資。

四月廿四日

（皎克西電話不通）

一、西路方面：無報告。

二、中路方面：無報告。

三、東路方面

1. 甘軍長敬子電：雷列姆附近敵快速部隊被戰防砲擊

　　退，惟敵便衣隊仍在雷活動。

2. 同右敬巳電：猛旁守軍于本（廿四）日拂曉即與軍部
　　失去連絡，敵已超過雷列姆，在丙隆附近與我特務
　　營及搜索營之一部激戰，情況甚緊，我抽調兵力不
　　能到達，又軍部及四九師之工兵部隊，均傷亡或被
　　隔斷，雷列姆以北公路無破壞能力，本晚如無南來
　　部隊增援，決難再戰。

四、空軍偵炸報告

1. 本晨我空軍偵察河邦，十一時又以轟炸機二架飛河
　　邦、雷列姆一代偵炸，當發現雷列姆在燃燒中，並
　　發現卡車百餘輛停于雷列姆北方公路上。

2. 本晨六時五十分，英空軍在河邦、猛旁間發現敵卡
　　車二百輛向西駛中，又在河邦發現約二百之敵及卡
　　車百輛。

3. 午後四時，英空軍發現雷列姆與萊卡間有敵軍千餘
　　人，同時美志願隊偵察報告，雷列姆之敵已北進至
　　萊卡。

五、鈞座重要指示

　　奉鈞座本日手啟電，節開，臘戌應有緊急處置，萬
一臘戌不守，則第五軍、第六軍應以密支那八莫為後方，
第六軍應以景東為後方。

四月廿五日

（皎克西電話不通）

一、敵情

　　奉鈞座敬申侍六電：據報卯皓由星洲開仰光敵運輸艦十四艘，共載步兵三千餘名，詣日轉車北上。

二、西路方面：無報告。

三、中路方面

   1. 杜副長官敬午電：廿四日午，九六師續在雅美丁南端東西之線與敵激戰。

   2. 同右有巳電：轉據余師長敬亥電，廿四日，敵以重砲、飛機掩護不斷向我雅美丁陣地猛攻，戰況酷烈，傷亡慘重，我 287 團團長劉憲文負重傷（按戰鬥序列表 287 團團長為胡正濟，不知電文有無錯誤），本師刻退瓢背以南東西之線，與敵激戰。

四、東路方面

雷列姆方面情況（參閱插圖第二十）

   1. 甘軍長有子電：職在萊卡與敵快速部隊二百餘人作戰，約一小時，敵眾我寡，無法拒止，敵裝甲車十四輛昨（廿四）日下午六時越過萊卡，向芒澤（未附原文未查出）挺進，其另一部約四百人，仍與我特務、搜索兩營之一部在萊卡南四英里山地激戰中，職遵廻電率槍兵二十在猛腦（MONGNAWNG），以下電文不明。

   2. 同右有申電：雷列姆之敵，以一部東犯，我呂師長率 278 團現在公興（KUNHING）對岸作戰，猛腦以南亦發現敵蹤，職僅率衛士十五人，欲戰無兵，

收容位置乞速電示，暫五五師兩日來仍無消息。

3. 同右電：本軍遵照長官羅敬電，除劉支隊及147團主力備邊外，餘部作破釜沉舟之決心，飭彭、呂各師長率領，分途遵向雷列姆、萊卡截擊，但左翼如此分散注入，恐被蠶食，至時備邊部隊亦難倖存，但如將備邊部隊集中使用，邊防重要，且無車輛與？？，此？？（編按：原文如此）並乞妥籌對策，以挽危局，如何乞示。

4. 同右有酉電：公興之敵，正與呂師作戰中，又據報猛腦以南已發現敵蹤，查猛腦至臘戍極為空虛，若敵北竄，後防堪虞，擬迄速派隊馳進猛腦，以資鞏固。

5. 美中校 BOATNER 昨（廿四日）晚由臘戍隨 82 團之兩營參加臘雷間破路工作，回報：

A. 敵廿四日夜已到萊卡，今晨或已到達猛昆（MONGYKUNG）。

B. 猛昆北之滿里（MANLE）附近橋梁業已破壞，其他已準備破壞，但炸藥尚不足用（按滿里在猛昆北約四十英里）。

6. 英空軍及美志願隊偵察報告：本（廿五）日午，敵卡車五十輛，正由雷列姆公路向北前進，又有敵卡車百輛正在臘戍南方約一百一十餘英里之公路交叉點電孔海坪（KONGHAIPING），向開西滿爽（KEHSIMANSAM）前進，自開西滿爽而北，尚未發現敵情。

棠吉附近戰況

1. 杜副長官敬午電：棠吉敵以山砲數門，戰車數目不詳，在棠吉西沈黑（SINHE）占領陣地，主力在棠吉市郊據守，廿四日晨，我攻擊開始，已將西南方白塔附近高地占領，並迂迴遮斷敵之公路交通。

2. 同右敬未電：我攻棠吉之部隊，進展迅速，午已占領棠吉西北角三面高地，迫近市街。

3. 同右敬申電：攻擊棠吉部隊，已突入市街，與敵巷戰。

4. 同右敬亥電：廿四日晚十一時，已克復棠吉，敵一部東竄，有少數敵據守堅固建築物，刻在掃蕩中。

5. 同右有卯電：敵沿公路增援，像我行包圍，棠吉東方及西北高地之各一部為敵占領，原在建築物內之敵，負隅頑抗，我仍在攻擊中。

6. 同右有巳電：殘敵可望于本（廿五）日午肅清，道路一通，職即以全力向河邦、雷列姆尾擊敵人，並以有力之一部在羅衣攷、棠吉間破壞道路，以斷敵後路。

7. 同右有午電：棠吉市區堅固建築物內少數殘敵，已漸次肅清，四周山地完全被我占領。

8. 同右有申電：棠吉增援反攻之敵已被阻，敵仍憑據家屋及險要頑抗，擬于本夜將敵逐出隘路。

以上係平滿納會戰放棄後各方面之戰鬥經過。

所見

一、我軍放棄平滿納會戰後，既未一舉脫出敵之可能包圍圈，又未準備曼德勒會戰，復不注重鞏固臘戍，僅在曼德勒以南平滿納以北之中間地區，東支西拒，而各方面之戰鬥結果，復未嘗有補于危局，宜乎後來我主力軍之後方完全被敵遮斷。

二、九六師，自四月十八日起，至廿五日止，與敵苦戰八日之久，雖平滿納附近原有既設陣地，但該陣地乃會戰陣地，範圍甚大，非一師兵力所能充實，第五軍主力既去，九六師處于陣地之中，正如衣博體小，難于為用，而平滿納以北迄瓢背間之地形，復不如沙瓦迄易拿間之便于作防禦戰，然該師戰鬥成績，及指揮技術，則均屬可觀，該師傷亡雖重，但敵人之損失亦不小，且始終未被優勢之敵所擊破。所惜苦戰結果所取得之寶貴時間（八日），我主力軍既未用以掩護撤退，又未用以擊破他方之敵，徒使戰士之血膏于原野，而于全般戰局上未能發生任何有效作用。假使他年戰事平定，吾人重履戰地憑弔戰場者，不知作何感想也。

三、第六軍方面，在羅衣攷未陷以前，我前方高級機關殊不感覺該方面之敵為一極強大之快速部隊，故對該軍抽調景東、猛畔兩地區之兵，應如何加速其運輸，尤其對于抵禦快速部隊之特別兵種（最好是戰車，其次乃為戰防砲及工兵）應如何斟酌其配賦，皆未切實予以注意，及雷列姆既被突破，則已不易挽救矣。

四、四月十九日，我 279 團發現保拉克附近有敵運
輸車、戰車約四百輛，此項情報，于廿四日之空軍偵察
報告，證明確實，但十九日之發現，直至廿二日本團始
接到電報，中間已經過四日之久，而羅衣攷于廿日即已
失陷。所幸四月十九日以前本團研究收發無線電及翻譯
送達手續改良辦法，得有結果，除由本團實施外，並通
知前方各軍實施，故自四月十九日起，尚能得到甘軍長
當日所發之若干電報，否則此路既無電話線，又無警戒
兵，恐敵之機械化部隊衝至臘戌，而我尚不知也。長官
部方面與本團之電話多日不通，不審對于甘軍長所發之
電報及本團所轉告之電報，是否能當日接到當時譯讀，
假使不能，則通信之誤人，正復不淺。

第五節　退卻

（註）在退卻期中，關于臘戌至滇西惠通橋間之作戰經過，已詳于「緬甸戰役滇緬路作戰經過暨各部人員功過報告書」，不再詳述，但仍附摘要，以資對照。

四月廿六日
（皎克西電話不通）

滇緬情況摘要

本日由雷列姆、萊卡、孔海坪向臘戌前進之敵，已于上午七時到滿里，與我 82 團第一營接觸，滿里鐵橋已破壞，但下午六時許敵即進至細胞東南之南滿（NAMAN）附近，下午一時廿分，敵機廿七架炸細胞。

一、英軍方面：無報告。

二、我主力軍方面（本節所稱主力軍，係包括第五軍全部及六六軍在曼德勒及其以南之部隊）

　1. 第五軍

　A.九六師、新二二師：杜副長官寢戌〔戌〕電：余、廖兩部，本（廿六）黃昏起，併用汽車、火車向曼德勒附近轉進。

　B.軍部：同右電：昨（廿五）黃昏起向皎克西，本（廿六）黃昏起復向曼德勒西北24英里處轉進，午後十時全部到達。

　C.二百師：同右有午、寢戌〔戌〕兩電：廿四日午后，

擊退增援反攻棠吉之敵，敵在東方隘路負隅頑抗，廿五日我繞道向犯臘戌之敵後方尾擊，並破壞阻絕交通，廿六日仍由棠吉續向通過雷列姆方面之敵攻擊中。

2. 第六六軍

A. 新卅八師：無報告。

B. 新廿八師守備曼德勒之部隊（共四營）：無報告。

三、 第六軍方面：無報告。

四月廿七日

滇緬路情況摘要：本日已放棄細胞。

一、英軍方面：無報告。

二、我主力軍方面：無報告。

三、第六軍方面：甘軍長感巳電：暫五五師殘部及四九師，擬向薩爾溫江東岸移動，請于一小時示遵（本團權立覆可，並電告羅長官）。

四月廿八日

滇緬路情況摘要：本日下午，敵已到臘戌附近，並于半夜開始攻擊臘戌。

一、英軍方面

二、我主力軍方面

三、第六軍方面

均無報告。

四月廿九日

滇緬路情況摘要：本日下午一時臘戌失守。

一、英軍方面

　　羅長官儉未電：英軍決向喀勒瓦（KALEWA）撤退（按喀勒瓦在清得溫河河岸，接近緬印邊境）。

二、我主力軍方面

　1. 我軍決心：羅長官儉未電：我軍決在瓦城附近打擊敵人。

　2. 第五軍行動

　A. 新二二師、九六師：杜副長官感酉、儉午、豔辰、豔午各電，廖、余兩師，廿七日已在曼德勒附近集結完畢，一部在溫丁（WUNDWIN，在他希北約二十英里）附近占領陣地，阻敵前進，廿八日我前進部隊在溫丁附近與敵對峙，廿八日夜十二時起，敵向新二二師皎克西前進陣地猛烈攻擊（按即溫丁，業已放棄），廿九日上午，我仍與敵在皎克西對峙。

　3. 第六六軍

　A. 新卅八師：無報告。

　B. 新廿八師守備曼德勒部隊：無報告

三、第六軍方面：無報告。

四、鈞座重要指示

　　奉鈞座儉亨機渝電：如可能，應抽調瓦城有力部隊增援臘戌，先擊破其襲臘一側背，則以後皆易為力，如此瓦城不守亦可，蓋此時保臘戌為第一，而瓦城之得失

無甚關係也（按本日臘戍失守，本團電台移動，此電未
能轉出）。

四月卅日

滇緬路情況摘要：由臘戍退下部隊，及新廿九師由國內
趕到部隊，在新威北方高地布防。

　　本日前方各部隊均無報告，僅奉鈞座卅機渝電開：
轉羅、杜，希即將車輛與重武器由卡他直運畹町，務用
最急方法趕拖為要，可否盼覆，傷兵亦由該路提前運回
等因。當即遵轉（按卡他即卡薩）。

五月一日

滇緬路情況摘要：本日下午新威北方高地失守。
前方各部無報告。

五月二日

滇緬路情況摘要：本日下午貴街北方高地又失守，105
英里通八莫、密支那之公路開放。
一、英軍方面
　　杜副長官冬午電：沿伊洛瓦底江北犯之敵，其先頭
約五百名，一日由孟尼瓦（MONYWA）渡河，向葉尤
（YEU）急進，英軍正派隊堵擊中（按孟尼瓦即百萬分
之一圖上之孟瓦，在清得溫河岸，葉尤在該河之東鐵路
終點）。

二、我主力軍方面

1. 新二二師：杜副長官卅辰電：當面之敵進占皎克西，現我廖師在曼德勒以南伊江支流密脫其（MYITNGE）北岸嚴密監視中，緬奸到處活動，敵機轟炸曼德勒，已成灰燼。

2. 二百師：戴師長艷午電：職廿九日到洛伊文（LOIVEN），明（卅）日開始攻擊雷列姆之敵，惟入山作戰，飲水給養極端困難，尤以雨季疾病堪虞，今後行動乞示。又杜副長官冬電：已令戴師由棠吉、雷列姆間穿隙向景東方面轉進。

3. 杜副長官冬午電：查斯威薄以北鐵道，車站、鐵軌多被炸毀，員工星散，無法利用，公路又不通，車輛、重武器欲直運畹町實屬困難，當儘量設法。

4. 九六師、新卅八師及新廿八師守曼德勒之部隊：無報告。

三、第六軍方面

甘軍長東午、東申兩電：

1. 景東劉支隊：泰敵近來漸呈活躍，廿九日辰襲擊肝勒（HAWNGLUK），經我擊退。

2. 暫五五師：勉吾部，廿九日襲龍東（LONGTONG）以南三十六英里，斃敵百餘，該部即經猛畔向景東轉進集結，趕築工事。

3. 四九師：璧生部、翹支隊（為兩營）留置一部于芒琦（按此地名未註原文未查出），掩護陳、戴兩師

轉進，主力取捷徑向昆興、大高、猛盜附近轉進，接替呂師南盤河（按即南滂河）東岸任務，並對薩爾溫江各渡口派隊守備（按本項地名未註原文，除大高即大靠，在薩爾溫江與雷景公路之交叉點外，其餘昆興、猛盜，判斷在大高附近）。

4. 九六師：國銓部，派一營至芒蕭（MONGHSU，按即猛朽）掩護軍之側背，其餘俟彭師接替昆興右翼後，向景東轉進。

5. 安瀾部（按即二百師），東令開景東歸職指揮，但未取得連絡。

6. 職仍在芒蕭（即猛朽），明（二）日向景東轉進。

五月三日

滇緬路情況摘要：本日敵攻畹町北側高地，同日分兵進占八莫。

一、英軍方面

　　羅長官冬午電：據新卅八師齊副師長報稱，英軍正面，有力之敵，由孟尼瓦附近渡過伊洛瓦底江後（按應為伊江支流清德溫河），于卅日夜晚，在孟尼瓦以東地區推進，與緬一師及印十七師激戰中。

二、我主力軍方面

羅長官冬午先、冬午兩電：

1. 弟于冬卯由斯威堡（按即斯威薄）乘火車赴卡薩，詎出斯威堡二哩處碰車，幸人無恙，竟日修復，車

開續進，抵坎巴拉（KANBALA）車站。

2. 自臘戌西開之敵數百名，附戰車數輛，卅日夜抵瓦
城東地區，興新二二師之一部激戰中。

3. 我新卅八師尚在瓦密鐵路。

新二二師主力沿伊江東岸逐次抵抗向斯威堡撤退中。

九六師已越過斯威堡逐次向納巴（NABA）輸送中
（按納巴在卡薩之西）。

第五軍直屬部隊一部已轉移車岡（ZIGON 按在坎
巴拉之北喀阿克興附近），杜軍長現在斯威堡。

弟率指揮所人員，于冬日晨自斯威堡乘火車出發，
逐次向卡薩轉移，刻抵坎巴拉。

（按右電各部隊均係逐次轉進，不知當時何故採取
此法）。

五月四日

滇緬路情況摘要：昨（三）日半夜，畹町北側高地失守，
敵向惠通橋急進。

本日本團向保山轉進，未接到前方電報。

五月五日

滇緬路情況摘要：本日上午十時，敵進至惠通橋，與我
卅六師先頭部隊接觸，我下令炸橋，本晚，敵由橋之上
下游徒涉過河，與我卅六師續到部隊發生激戰。

本團于黃昏到達保山，未接到前方電報。

五月六日至七日

滇緬路情況摘要：敵我在惠通橋繼續戰鬥。

本團在保山，未接到前方電報。

五月八日

滇緬路情況摘要：敵我仍在惠通橋戰鬥，惟三日進占八莫之敵，于本日復進占密支那。

一、英軍方面：無報告。

二、我主力軍方面

杜副長官虞電：

1. 職本（七）日到溫早（WUNTHO，按又譯溫托，在喀阿克興之北），明（八）日赴印島（INDAU，按在納巴南側）。

2. 新二二師、九六師：廖、余兩隊，明（八）日晚可到溫早，續向密支那兼程北進。

3. 二百師：戴部已過美廟，已令向八莫、南坎間北進。

4. 各部隊除作戰傷亡外，部隊整齊，士氣甚旺，中途如遇敵，擬予迎頭痛擊。

其餘無報告。

三、第六軍方面：無報告。

四、鈞座重要指示

　　奉鈞座手令虞機渝電，節開：轉史參謀長、羅長官，望速令我軍全部向密支那、片馬轉進，勿再滯纏，盼覆等因。當即遵轉，並逕轉杜副長官。

五月九日

滇緬路情況摘要：惠通橋我岸之敵，被我擊退于彼岸。

一、羅長官及史迪威參謀長之行動

杜副長官佳未電：羅長官及史參謀長已離納巴（NABA），徒步西行，職昨（八）日派參謀長追趕六十英里，未及，已派員繼續追趕，職率部昨（八）日到納巴，繼續北進。

二、其他無報告。

五月十日

滇緬路情況摘要：惠通橋敵我隔河對峙，但由龍陵向騰衝前進之敵，于本日占騰衝。

一、英軍方面：無報告

二、我主力軍方面

1. 第五軍

A. 杜副長官佳申電：二百師及黃游擊司令翔（按黃司令係率領第五軍之補一、補二兩團），收容甘軍長兩營、新廿八師一部，已過曼德勒，經莫哥克（未註原文）向八莫以東地區急進，飭即占領皮特（PITA）、南坎各隘路口，遮斷八莫敵之車路，並阻止其增援。九六師本日可全部抵印島，擬用汽車輸送，急赴密支那河東岸，占領陣地，掩護本軍主力進出。新二二師、新卅八師兩部正向印島急進中，預計十一日午可完全通過印島北進。本軍雖經

月餘堅苦戰鬥，但各級幹部掌握確實，部隊整齊，士氣旺盛。

B. 同右佳戌〔戌〕電：密支那于八日晨七時被敵占領，本部按原定計畫向北推進。

三、第六軍方面

昆明陳統監轉甘軍長支（四日）申電：軍部已過薩爾溫江，九日可到景東，暫五五師已到十三個連，隨四九師轉進。

四、總長、劉次長電話：請俞部長設置騰衝至八莫、騰衝至密支那及車里、佛海方面兵站線，俞部長時在保山。當即趕辦。

五月十一日

滇緬路情況摘要：惠通橋、騰衝情況無變化。

前方無報告。

五月十二日

滇緬路情況摘要：惠通橋、騰衝情況無變化。

本日奉鈞座真午令一元明電開：敵九日廣播已占八莫及密支那，似企圖截斷我第五軍對國內之連絡線，希將惠通橋西岸敵人擊退，或八八師到達後，可以預二師一或二團開騰衝，以掩護五軍後方等因。當遵轉宋總司令。

五月十三日

滇緬路情況摘要：惠通橋、騰衝情況無變化。

一、我主力軍方面

　　1.杜副長官灰戌〔戌〕電：十日申刻，卡薩附近敵強渡伊江，與我113團（按屬新卅八師）發生激戰，我猛烈衝擊，予以重創，但以兵力薄弱，且敵激增不已，未能阻止敵之正廣面渡河，現仍在激戰中。

　　2.同右真未電：職部儘量以火車汽車輸送，不料部隊正分離間，敵于十日夜擊破113團，占領卡薩，截斷鐵路車路交通，佔據伊江各渡口，致前後被隔斷，無法擊破敵人渡江，現分成三縱隊避開鐵路，擬經野支山向目的地轉進（按野支山似為野人山之誤，又目的地當仍為密支那、片馬）。

　　3.同右文亥電：所屬各部及新卅八師均已脫離敵人，進入山嶽地帶，向國境安全轉進中。

二、第六軍及英軍方面：無報告。

三、昆明空軍王司令電話：我機偵察在印島未發現我軍，在密支那、八莫未發現敵人。

四、奉鈞座覃機渝電開：騰衝情況無論如何，我軍務于篠日前占領，如果敵軍負嵎固守，攻城武器未到以前，不必攻堅，只可派一有力部隊監視城，而我之主力應向騰衝西北、西南地區確實占領，以後即以兵力向蓮山、盈江、梁河、瀘水各縣道路，每路派一至兩連兵力，並另派一連兵力向密支那、八莫間之新

坡、稱誦通、誦化方向星夜挺進，迎接第五軍之主
力為要。當轉宋總司令遵辦。

五月十四日

滇緬路情況摘要：惠通橋敵我隔河對峙，騰衝方面我由
惠人橋渡河部隊本晨六時在紅木樹與敵接觸。

一、我主力軍方面

杜副長官文酉滿許電：

> 1. 職廿五日瓦城布防時，長官羅于四月卅日由斯
>   威堡赴印島，八莫陷落後，五日晚轉赴邦卯克
>   （BANMAUK），七日晨由邦卯克出發，經滿許
>   （MANSI）、荷馬林（HOMALKN，又譯禾木岑）、
>   燕飛爾（LMPHAL）道入印，自六日辰後，電報已
>   至印度（按燕飛爾之位置即中文百萬分一圖上之曼
>   尼坡）。
>
> 2. 瓦城西南伊江鐵橋，職親自監督破壞兩段二百餘公
>   尺，沉落江底，但敵人已越過伊江，于九日進占吉
>   魯（KINI）車站（按在斯威薄與坎巴坎之間）。

二、無其他報告。

五月十五日

滇緬路情況摘要：惠通橋敵我隔河對峙，我準備反攻騰
衝、龍陵。

一、我主力軍方面

1. 杜副長官寒申滿許電：已令游擊司令黃翔部，由莫故（未註原文）先向八莫攻擊前進。余師：一部在密支那、江東通八莫公路截斷交通牽制敵人，主力已經猛？（似為猛拱）向目的地前進。

2. 我昆明空軍本日偵察報告：

A. 密支那機場無飛機，火車站有火車廿餘輛，均已破壞，城東河流之西岸船隻甚多，但無人跡。

B. 心波以北十二公里處之江面沙灘甚多，似可作為渡河點，由密支那至辛堡、八莫之河內均無船隻，八莫亦無甚徵候。

3. 昆明王司令叔銘轉鈞座電話：

A. 請俞部長準備糧彈，擬以五個運輸機每日由雲南驛送十噸補給第五軍。

B. 請轉第五軍探詢二百師下落（當即遵辦）。

4. 奉鈞座合？（編按：原文如此）機渝電：規定第五軍陸空連絡符號。當即遵轉。

5. 奉鈞座手啟咸機渝電：轉杜軍長，現已設法可由空中運輸糧彈前來接濟，一俟陸空連絡確實，即可開始實施，似此弟部行動不必太急，應從容設計，分路繞道行進，務以避開密支那乃為穩妥。中意應以猛關即三角點 670 為總目標，其次為清加林、租姆特及龍京與紅巴，即三角點 5414 東南方為空運投送地，再次為荷馬林與大曼的，該路糧食或易設法購辦，不待空運也，但龍通至加邁道路必須先派強有

力部隊偵察，相機占領，乃可掩護西南各民眾、各部隊之前進，如果龍通至加邁道路為敵確實掌握，則只可先到荷馬林、大曼的暫時整頓休養，待機再行接？（編按：原文如此）中，詳復（當即遵轉）。

二、第六軍方面

奉鈞座文辰令一元明電開：茲決定第六軍主力仍留景東方面，續行原任務，暫五五師撤回思茅、寧洱整理。

五月十六日

滇緬路情況摘要：惠通橋情況無變化，騰衝方面我由惠人橋渡河部隊已占紅木樹。

一、我主力軍方面

1. 羅長官寒戌〔戌〕重發電，略稱：煩轉ＸＸ、委座，弟現在哈馬林（按即荷馬林），隨行者有林湘率後勤人員二百餘員名，沈昌率鐵道兵團五十員名，憲兵二百人，傷病官兵百餘人，無線電一班，合計六百餘人。以目前情況判斷，返程率第五軍突圍，已為時間所不許，如沿泰德汶江（按即清得溫江）上溯回滇，至少需時一個月，且將屆雨季，跋涉維艱，時疫流行，給養困難，史迪威參謀長昨已經此赴印，若弟能假道印度，乘機飛滇，轉往前方指揮，時間上必為節省有利，但行動不敢自專，請兄代為請示，立候電覆，以便決定行程為盼。

二、其他方面：無報告。

三、自本日起，以後羅、杜電台時常不通，甘軍長方
　　面，因軍部移動關係，亦早已未能如意通電，關于
　　前方各軍行動，僅于收得報告之日始記載之。

五月十八日

滇緬路情況摘要：惠通橋方面，我軍正準備渡河攻擊；
騰衝方面，我預二師兩團已于昨（十七）日在惠人橋渡
河完畢，向騰衝前進。

一、我主力軍方面

杜副長官銑酉電：

1. 二百師五月十五日抵和平（按和平在密支那、納巴
   間之鐵道線上，判斷不確）。
2. 九六師抵猛緩（按即孟關）。
3. 新二二師抵南姆薩（按即NAMZA，在滿許之西
   南方）。
4. 新卅八師抵米扎（按米扎即MEZA，在滿許之東北
   方，後來證明所報新卅八師之位置不確）。
5. 軍部及直屬隊十七日可抵東得格附近。
6. 明（十七）日續北進，在深山樹林之間，人煙全無，
   運動補給均極困難。

二、羅長官之行動

奉鈞座巧機渝電：已令羅入印矣。

三、第六軍方面

1. 龍主任銑申轉甘軍長灰戌〔戌〕電：

A. 泰北敵，自我方克復紅勒後，于十日晨起，增援反撲，劉支隊、蔡營傷亡均重，下午四時，敵增援至千六百餘、砲數門，以飛掩護，再犯紅勒、猛戈（MONGKO），血戰至真？日（編按：原文如此）拂曉，因敵眾我寡，蔡營退出猛戈向535高地轉進，其另一股三百餘，在猛海（MONGHAI）與劉支隊對戰中。

B. 景東、雷列姆線上，我軍將昆興、大高間公路破壞後，現在薩爾溫江東岸占領陣地。

C. 泰北及雷列姆方面敵後援隊源源增加，有奪取景東，威脅車里、佛海企圖，又據昆興之敵，攻我九三師不逞後，增至千餘，另有一部由景卡（KENGKA）渡河，正與我四九師文團激戰中。

D. 敵機廿七架，十日下午一時在景東、大高及昆興東岸終日轟炸，我方損失甚微。

E. 我劉支隊、蔡營，八日半夜向紅勒反攻，當將泰陸軍第一旅三百餘擊潰，收復紅勒。

F. 泰敵軍四旅一部，九日夜襲大馬地（TAMATI），亦被我擊退。

2. 奉鈞座辰洽令一亨調電，節開：著第六軍留一部于景東游擊，主力即向南嶠、佛海、車里之線轉進，構築工事，警備國境。

五月十九日

本午昆明王司令叔銘轉鈞座電話：擬派輸送機送糧至葡

萄，供給第五軍。

五月廿二日

滇緬路情況摘要：我反攻騰衝、龍陵之部隊，已完全進出
彼岸，並已到達攻擊位置，預定明（廿三）日開始攻擊。

一、我主力軍方面

　　杜副長官巧酉電（遲到電）：職（十八）晚到南沙
（未註原文，似為NAMHTA，在烏尤河岸）北四十英里
附近，明繼續北進，昨（十七）午飛機四架，本（十八）
午一架，飛行甚高，無法辯〔辨〕別是否我機。

二、第六軍方面

　　甘軍長篠申電：

1. 雷列姆方面敵二千餘，與泰敵一、四兩師、三十八
   師團一部，自衝磚？（未註原文）由西南進攻景東
   外圍，現均被我阻于薩爾溫江西岸及景泰公路約四
   英里之處，越邊猛信到日越聯合敵甚多，有直趨車
   里模樣。

2. 職以無糧無援，決定撤守國境，惟部隊暫與敵膠
   著，能否順利轉進，尚成問題。

五月廿三日

滇緬路情況摘要：我反攻騰衝、龍陵之部隊，已開始
攻擊。

一、我主力軍方面

　　杜副長官巧午南沙（NAMHTA）電（遲到電）：卡薩至密支那渡河點均被敵人封鎖，渡河材料亦被英方澈底破壞，如由該地區渡河，不僅困難萬分，且有被敵阻擊之虞，故改由曼密鐵道以西地區向北轉進，現已通過洞洞山（未註原文，似為通吞倫 TAUNGTHONION 附近山脈），無法變更路線（按此時杜副長官之位置，距密支那、八莫，在圖上直線距離已達二百公里）。
二、第六軍方面：無報告。

五月廿五日

滇緬路情況摘要：我反攻騰衝、龍陵之部隊，在繼續攻擊中。

　　本日有第五軍司令部少校參謀鄭克洪，由緬甸來到保山，據面報如下（按所報雖屬過去情況，但與我主力軍之退卻有關係，故仍備錄于此）：

1. 四月廿五日在斯威薄奉令押公文乘火車至密支那，沿途停頓，五月六日方到密支那，一日夜之火車行程，竟行十日夜之久，時密支那英方軍民均已撤退，英方司令官云，敵人距密支那僅二十五英里。

2. 六日下午，密支那情形混亂，七日上午，敵機猛炸密支那，下午二時許，敵先頭部隊乘卡車廿餘輛，由八莫方向到達河邊，以機槍向密支那掃射，我未退出官兵有死傷者。

3. 職于七日下午六時，將公文行李盡行焚毀，徒步七

天，于五月十三日到達滇境，沿途有由密支那退出之華僑及中印緬公路人員，約數千人。職十四日抵騰衝附近之緬箐街，遇敵步哨在街外約二千公尺處，即折由馬哨，經過雪山頂，于廿四日抵保山附近之板橋。

4. 由密支那退出之軍人，沿途尚可領取食米，惟華僑不易購到，尤以在未入國境時，千百婦孺，啼飢號寒，匍匐于崇山峻嶺之上，為狀極慘，而到達怒江之際，竹筏渡江，每筏僅渡兩人，難民擁塞江岸，無食無宿。

一、我主力軍方面

1. 杜副長官智酉電：本部現收容長官部、鐵道司令部、兵站總監部各一部，及暫編團第三營（按戰鬥序列無暫編團，不知是否前方臨時編組）、新廿八師搜索連並憲兵一排，數日來，行進道路，為山嶽森林，人煙絕跡，氣候甚寒。

2. 羅長官篠電（遲到電）：委座刪電開，杜軍長文日離鐵道線，由滿許西向響佛山轉進等因，但為給養交通所困，弟決續向西行，經燕飛爾，與史迪威、亞歷山大晤商後，迅往里多（按即列多），東向迎候杜軍長，從事整補。

2. 羅長官有申電：弟廿三日到燕飛爾，隨行人員均平安，新卅八師除一團仍在荷馬林附近受敵裝甲車阻擊，現正俟機渡秦德汶江西移外，孫師長率大部已

于本月廿五日午抵燕飛爾，頃暫令部隊在原地休整數日，即向列多附近輸送集結整訓，第五軍主力目前位置及情況，希即電示（本團當即告知）。

二、第六軍方面

甘軍長梗午佛海電：

1. 本軍自雷列姆轉進後，復經景東外圍兩旬之戰鬥，損失頗重。

2. 九三師：277團（按即劉支隊）損失三分之一，自十七日後竟失連絡，278、279兩團戰鬥兵？及？（編按：原文如此）現在景東、打洛間。

3. 四九師：145、146兩團均不足半，147團尚餘兩營，正由？？坊猛？（編按：原文如此）向南嶠轉進中。

4. 暫五五師：全部存二千餘人，主力昨（廿二）到車里。

5. 軍直屬隊：收容約六百，軍部官佐僅有？（編按：原文如此）數人。

6. 通信、衛生機構殘缺不全，其損失現正清查中。

7. 職意擬將各師兵員補足，九三師留在車、佛、南守備，其餘開回適當地區整補。

8. 景東至廿一日止仍在我手。

五月廿六日

滇緬路情況摘要：我反攻騰衝、龍陵之部隊，仍在繼續攻擊。

一、我主力軍方面：無報告。

二、第六軍方面

甘軍長有戍〔戌〕電：

1. 景東迄廿四日晚，仍在我九三師一部掌握中。

2. 暫五五師已陸續轉進至車里。

3. 四九師先頭已轉進至瀾滄境內，正向南嶠續進中。

五月廿七日

本日第六軍參謀長林森木到保山，據稱：四月廿三日在猛旁（雷列姆西）陣地戰鬥失利後，被敵隔斷，于四月廿五日由猛旁附近向北轉進，收容部隊計有四九師147團及九三師279團之各一個營之殘部，暨軍直屬特務、搜索、通信、輜重各營之殘部，共約千人，取道西埠，及畹町南方，暨芒市、龍陵以南地區，于五月廿五日到達保山南方之施甸，此外另有第五軍新二二師之兩個殘破營亦到施甸（爾後林參謀長所率之部隊，奉令開思、普歸建，新二二師之兩個殘破營，開祥雲由該師留守部安置）。

五月廿八日

滇緬路情況摘要：我反攻騰衝、龍陵之部隊，仍在繼續攻擊。

一、我主力軍方面

昆明王司令叔銘電話：第五軍全部已渡秦德汶江，到達清加林卡姆特（SINGALING　HKAMTI），按後

來證明不確。

二、第六軍方面

甘軍長感巳電：

1. 九三師胡營，廿六日午，在景東近郊與敵激戰，同時敵汽車百餘輛，滿載敵軍進景東。

2. 據報，猛馬南三十里之蠻荷發現泰軍數百，正派隊迎擊中。

五月廿九日

滇緬路情況摘要：我反攻騰衝、龍陵之部隊，其攻擊陷于停頓狀態（按爾後于卅一日奉令停止攻擊，固守怒江，遂留置游擊部隊，撤回攻擊部隊，滇緬路戰事，即變為怒江對峙）。

一、我主力軍方面

昆明王司令叔銘轉重慶後勤部端木副部長電話：

1. 第五軍軍部及新二二師，于五月廿四日到清加林卡姆特，續向薩地亞前進（按五月卅日接到杜副長官有酉電稱：「五月廿四日辰渡過烏尤河北岸轉進中」，是距清加林卡姆特之距離尚極遙遠，又該電內稱：「何日到達葡蔔尚難確定」，亦與薩地亞之目標有出入）。

2. 九六師五月廿三日由孫布拉蚌經片馬回國。

3. 新卅八師一團在荷馬林，主力已到燕飛爾。

4. 二百師及黃翔部五月廿三日到臘戌附近，經畹町八

莫之間回國，現黃已到國境。

　　本團接到上項電話後，當請宋總司令立令騰衝方面部隊派員並率兵向國境深尋，與二百師及黃翔部連絡。

五月卅日

一、我主力軍方面

　　1. 杜副長官有酉電：約步騎連合五百之敵，于廿三日到龍津，廿四午到帕干（按龍津即龍京LONKIN，帕干似為帕生PUMSIN之誤，均在密支那之西北，孟關之東南，此路之敵，似由密支那鐵道經猛拱至甘蠻公路而來），除以一部向敵襲擊掩護主力轉進外，于廿四日辰渡過烏尤河北岸轉進中，連日道路崎嶇，甚至無道，全加開闢通行，何日到達葡萄，尚難確定，關于電台，亦因不能按時宿營開設，故時失連絡。

　　2. 同右感申電：新卅八師近日無線電失連絡，在職所指定路線亦未覓得，該部行動與鈞部有無連絡，現到達何處，乞一併電示（本團當告以已赴印度燕飛爾）。

五月卅一日

一、我主力軍方面

杜副長官世申電：

　　1. 二百師戴師長，過細莫公路（按即細胞至八莫之公路），被敵襲擊，傷重，于廿六夜在孟密特

（MONGMIT）北殉國。

2. 黃翔部卅日抵瀘水，乞設法接濟。

六月一日

本團令黃翔部即由瀘水開怒江我岸之漕潤整頓待命，並暫歸宋總司令指揮，任對瀘水方向之警戒，同日派員攜款前往接濟，導至漕潤（此項處置，當經呈報，並電知杜副長官）。

六月二日

一、我主力軍方面

1. 六六軍張軍長卅一日轉新卅八師孫師長元戌〔戍〕電（遲到電）：本師112團五月十一日奉命于溫早（按即溫托）占領陣地，掩護第五軍之撤退，扼守至午後七時，敵大舉來攻，附戰車八輛，砲七、八門，迄晚該團被敵包圍，當即率114團（欠一營）由米咱（按似為MAINGTHON）、他溫（按似為TATLWIN）應援。十二日晨八時，敵我已成互相包圍形勢，激戰一晝夜，將敵擊斃四百餘名，傷者無算，並以手榴彈炸毀敵戰車一輛，我亦傷亡二百餘名。十三日拂曉前，敵又以大部兵力增援，向我左翼猛攻，迄拂曉後，我通八莫之交通線完全被敵截斷。職以孤軍落後，彈糧補充斷絕，且第五軍已安全北撤，任務達成，向西北糯林（未註原文）撤退，十三日晚全師安全撤至離品

列庫（按即PINLEBU）處無名村附近整理，擬十四日晚續經品列庫向西北撤退，以求速脫離敵人（由本電可明瞭新卅八師與杜副長官所以失去連絡之原因）。

2. 同右轉孫師長艷（廿九）電：113團迄今仍在秦德汝江琊蓓（恐係荷馬林之誤）與敵激戰，現正設法營救中。

3. 奉鈞座巳東戌〔戌〕機渝電，節開：杜電稱，二百師已到南平云，其南平或即騰衝西南之南甸乎，請即設法並令其到保山、永平集中為要等因。當即遵辦。

二、第六軍方面

甘軍長東酉電：

1. 廿六日竄猛麻（按即猛馬）以南蠻荷之敵，已被我擊潰南竄。

2. 泰敵竄犯猛養，正派隊襲擊中。

3. 九三師朱團仍在猛麻至大打江間地區，暫五五師一部在猛勇東北之猛累附近活動。

（按本電地名未註原文，不知大打江是否打丙江之誤）。

六月三日

一、我主力軍方面

1. 杜副長官世戌〔戌〕電：職已通過漢巴（按漢巴即HAUNGPA在烏尤河上游，位于龍京之西南方），向指定目標前進中，何日到達，尚難確定，連日行于森林內，無法連絡，俟空地連絡確實後，再請投

送糧彈。

2. 昆明王司令叔銘廿九日轉印度定疆俞部長廿六日電：

A. 羅長官在馬立坡。

B. 羅與魏非爾將軍本（廿六）日三時半搭車來定疆。

C. 史迪威將軍本（廿六）日或明日可到定疆。

D. 新卅八師有五千人在英發（按即燕飛爾），千餘人在荷馬林。

E. 我軍食宿由英第四軍團長亞倫及參謀長馬丁照料，與在緬時同。

F. 第五軍在茅拱地（未註原文未查出），照委座指示地點前進，正設法救濟中。

二、第六軍方面

齊連絡參謀冬電（參閱插圖第廿一）：

1. 四九師主力在孟連，其一團冬（二日）可抵南嶠。

2. 暫五五師在車里附近。

3. 九三師277團（即劉支隊）主力冬日可抵猛板，其步兵一連、重機槍一排在大猛籠，一營在打洛，278團在打洛附近，279團在景東近郊打丙江、猛馬間。

六月四日

一、第六軍方面

二、甘軍長江午電：

1. 卅一日午，敵百餘，由景東向我3376高地（景東北約十六英里打丙江南）進犯，經我九三師朱團朱營

擊退。

2. 猛養之敵，有進犯國境模樣，正由猛麻、蠻撤（南嶠西南）分向襲堵中。

3. 猛勇、猛信之敵，卅一日止無動作。

4. 敵機每日來車、佛、南偵察。

第六軍之撤退行動至此為止，以後中緬邊境雖續有戰鬥，但來犯者盡屬泰軍，經我屢次予以懲創後，未敢再有積極行動，而第六軍之軍隊調動，亦僅屬于調整配備之範圍。

六月五日至九日
一、杜副長官之電台連日均不通。

二、黃翔于五月九日到保山，其部隊已到漕澗。

六月十日
本團由保山首途返昆明。

六月十三日
本團已抵昆明，此後之記載，因我主力軍業已分離，即新卅八師已到印度，九六師已到葡萄，二百師判斷將回抵國境，新二二師係隨杜副長官行動，至于新廿八師守備曼德勒之部隊，則久無消息，故在敘述方面，另就分離各部分別標題，以期醒目。

一、第五軍軍部及新二二師

定疆俞部長蒸電：現與五軍電訊連絡，尚未知確實位置，現屆秋季，河漲路躓，連日陰雨，糧食藥品無法用飛機投送。

二、九六師

同右電：五日九六師抵葡萄，因天候，兩次送糧未果，又昆明第五軍劉副軍長轉來余師長真午兩電：

1. 奉命因片馬人煙少、糧少轉葡萄待命，已抵此，約五千人，惟糧食不足，已令軍砲工團、師工營先赴維西（屬雲南省），計東日可到。

2. 葡萄地平，小型機可升降，當懸國旗及白布一條作標記。

3. 軍部梗午（當係五月廿四日午）可抵斯威丐（SHWEDWY），以後位置不明（按斯威丐應係是委定SHWEDWIN之誤）。

六月十七日

一、二百師

高副師長寒電：已到騰衝附近。

二、九六師

余師長刪午電：遵命在葡萄待命，惟砲、工兩團已先赴維西就食，約廿七日可到。

三、黃翔部

黃翔率補一、二兩團及二百師一部，共二千一百餘名，已遵令在漕潤集結，歸宋總司令指揮。

（以上係劉副軍長十六日報告。）

六月十九日
第五軍軍部及新二二師

　　定疆俞部長銑電：據杜軍長銑巳電，現在太洛（TARO）河西岸，請送七千人三日份給養（按太洛在孟關西方，清得溫河上游河岸）。

六月廿二日
二百師

　　高副師長養巳電：職于廿一日到達漕澗，主力現正繼續渡怒江，約廿五日可全部集結。

六月廿五日
俞部長由印度回昆明，面告：

一、杜軍長尚在太洛（TARO），俟糧食由機送足，即由列多轉大吉里，新二二師同行，共七千人。
二、九六師在葡萄，糧食困難。
三、新卅八師在印度。

六月廿七日
九六師

　　奉鈞座有亥侍參電：據余韶報告，葡萄給養困難，除已以有亥侍參電飭其取便道返滇外，希酌予接應為盼

等因。當即遵辦。

關于九六師之困難情形，以後曾接得遲到電數件，備錄如下：

1. 余師長文申電：

A. 本師平滿納等役，獨當敵（18）、（55）兩師團，激戰八晝夜，傷亡失縱五千餘人，旋奉令（副師長胡義賓率一部在後）輾轉經野人山至葡萄，飢疲死者數百人，據胡副師長稱，所率已死八百餘人，慘狀絕倫，現全師約三千餘人。

B. 抵葡萄奉委座蒸申侍手啟電令，本師暫駐葡萄，查葡地食米，有金難易，由俞部長派機投送，僅敷三日之需，後續部隊不日可到，天雨即有絕糧之虞，現葡地惡性瘧疾、霍亂、回歸熱甚流行，死亡率日增，焦急萬狀。

2. 同右馬辰電：由葡至薩地亞，道路不平，由葡至列多，非平地，前英印人曾經過，聞泥沙甚深，雨季更難行。

3. 同右有？午（編按：原文如此）電：飛機因雨未來，此間又正為雨季，望空求食，終屬空望，官兵飢疲，將絕糧異域，坐以待斃。

七月三日

一、二百師

1. 高副師長六月艷電：職部官兵現有四千六百五十員

名，遵向雲龍開拔，預定七月一日到達整訓。

2. 同右六月佳酉電（遲到電）：職部傷亡人員，除同古戰役曾經呈報外，棠吉攻擊，及通過曼臘、細莫兩公路戰鬥，幹部傷亡甚大，尤以細莫公路戰鬥，我599團團長柳樹祁，參謀主任董幹，600團副團長劉吉漢皆失蹤，現該兩團復有一部未能集中，現有實力，計598團約一營半，599團及600團各約一營。

二、九六師

余師長東午、冬午、江未各電：

1. 奉長官羅感電，轉奉委座諭，該師應即由葡萄向維西東歸，等因。遵定三日經拱路、里夛、阿普塔分向貢山、福貢前進，職六日續行，糧僅勉籌半月，淋雨而行。

2. 葡維間一月之行程，米、鹽沿途無補給，懇飭兵站部務將米運過高黎貢山以西之阿普塔接濟（本團當轉兵站部速辦）。

3. 後續部隊卅日在埋通遇敵，副師長胡義賓陣亡，二日晨雖將敵擊退，但孫布拉蚌有敵數百，扼險難攻，擬令後續經江心坡東歸。

七月八日

第五軍軍部及新二二師

1. 杜副長官六月有未電（遲到電）：

A. 職行進路線，選定新平洋入印，到目的地尚需半月

或兩旬（按新平洋即SHINGBWIYANG，又譯新背洋，在孟關之西北方，位于孟關與列多之間）。

B. 到印僅有新二二師，另有新卅八師及砲十八團之一營、新廿八師搜索連暨零星小部。

2. 同右魚巳電：

A. 職于二日到達新平洋，該地粒米無存，連日大雨，飛機僅投糧一次，不敷一粥，官兵絕糧六日，山水縱橫，草根樹皮，羅掘已罄。

B. 職部50瓦特電台汽油久罄，15瓦特電池復潮，均不能與重慶直接通報，以後電報，懇電鈞部電台收轉（當即照辦）。

七月十七日

第五軍軍部及新二二師

　　昆明劉副軍長轉來新二二師梁副師長齊午電（遲到電）：

1. 七日美機投新平洋米一五〇包，共路米二〇〇包、藥七包。

2. 飢病而死者已達二千餘人，萬懇不能斷機送，並請轉飭加倍投糧，方克脫險。

七月廿五日

第五軍軍部及新二二師

　　杜副長官廻辰電：職于廿三日安抵印度狄布魯加

（DIBRUGARH），部隊因在雨季中行軍過久，落伍甚多，預計本（七）月底始能全部到達，已在新平洋、印度間分設療養院、收容所及軍紀糾察站，沿途監督收容，須雨季後始能撤收。

八月六日

杜副長官于昨（五）日由印度飛抵昆明，據面告到印部隊狀況如下：

1. 所有在緬英軍，早已安全撤至印度，其到達印度之時間，在新卅八師之前。
2. 第五軍軍部及新廿二師，在極困難情況下，奉委座電令後，始向印度轉進。
3. 各部隊除落伍外，已全抵列多附近之提拔。
4. 新卅八師約四千餘人。
5. 新二二師約三千餘人。
6. 軍直屬隊約千餘人。
7. 整訓地點奉命在蘭木加（加爾各答西北方），新卅八師已到蘭木加，新二二師及軍直屬隊均在鐵路輸送中。

八月廿九日

九六師

　　余師長篠未電（遲到電）：本師先頭十七日抵劍川集結待命，後尾部隊預計廿三日可到。

九月十六日

新廿八師守備曼德勒之部隊

余師長寒午電：新廿八師之楊團，九月五日抵碧江，聞逕赴永平矣（按此時新廿八師係駐滇西永平）。

以上係退卻經過，至此，緬甸戰役全部作戰經過，即告結束。

所見

一、由以上經過觀之，我主力軍之退卻行動，自四月廿六日起至七月廿四日止，共費三個月之時間，其最後脫險部隊始分別到達有宿食之安全地區。在退卻行動中，受盡千辛萬苦，至勞鈞座親自為之規劃補給，而仍不免于飢餓死亡，其損失之大，據各部所報存餘人數推算，則退卻中之損失，竟有超過傷亡數字一倍以上者，所有重武器亦幾于遺棄殆盡。夫退卻之第一意義為改變不利態勢，其第二意義則為避免損失，乃其結果均相反，則此次退卻之不善，無可諱言。

二、查我主力軍于瓢背附近地區發動退卻之際，我新二二師及九六師，于四月廿六日黃昏甫經開始後撤，廿七日即已在曼德勒附近地區集結完畢，其行動可謂十分敏速，但不審何以又停頓不走，後來始知不但四月廿七日未走，而且截至四月卅日尚未走；不但此也，更在五月二日臘戌失守業已三天，西路之敵又已于五月一日由孟尼瓦東渡企圖遮斷曼德勒右後方之際，而我之退卻指導，尚為逐

次轉進，遷延復遷延。五月三日敵占八莫，五月八日敵占
密支那，我自行放棄十一晝夜之時間，聽任敵人截斷我之
總後方，而五月九日我最先撤退之九六師不過甫抵印島，
對于曼德勒至密支那之全行程，尚不及三分之二也。

　　三、鈞座于五月七日以手令催促「速令我軍全部向
密支那、片馬轉進，勿再滯纏」等因，五月八日命令到達
前方，羅長官及史迪威參謀長已離開鐵道，徒步西行，對
于進占密支那之敵，既缺乏處置，而戰場統帥復表示失其
勇氣，于是退卻行動更受影響。

　　四、四月廿七日臘戌危急，我第五軍主力已集中曼
德勒附近，當時情況，實應回救臘戌，蓋鈞座四月廿四日
之手啟電，為「臘戌應有緊急處置，萬一臘戌不守，則第
五軍第六十六軍應以密支那、八莫為後方」等因，此電係
當日奉到，夫既奉命令臘戌應有緊急處置，而臘戌又並未
失守，即不能對于臘戌不作處置。又四月廿八日鈞座儉亨
機渝電指示：「如可能應抽調瓦城有力部隊增援臘戌，先
擊破其襲臘一側背，則以後皆易為力，如此瓦城不守亦
可，蓋此時保臘戌為第一，而瓦城之得失無甚關係也」等
因，此電于四月廿九日奉到，是日午間臘戌失陷，本團電
台移動，未能轉出，實為本團之責任，但曼德勒主力軍若
決心回救臘戌，則以新二二師及九六師由前方向曼德勒之
撤退速度為比例，派一師兵力併用火車、汽車（當時前方
已有汽車，係俞部長所撥），運至細胞附近，攻敵後路，
實非難事。如此，則臘戌雖仍不免于失陷，但此路之敵，

絕不能繼續向北深入，而我八莫、密支那亦不致被此路敵人所先占，我主軍力之大部且可逕行開回細胞（按曼德勒至細胞間之橋梁並未破壞，其破壞者為細胞、臘戌線及通雷列姆之公路橋梁），而以一部兵力在曼德勒東北高地斷後，利用曼德勒至細胞間六道小河，沿途炸橋拒敵，並另以一部在曼德勒以北沿鐵路向密支那撤退，逐次抵抗，破壞鐵路及橋梁。查自曼德勒經密支那至八莫之距離，比自臘戌經貴街至八莫之距離，實在三倍以上，而斯威薄至密支那間，且不通公路（按斯威薄至猛拱僅有牛車路，猛拱至密支那牛車路亦不通），我將鐵路破壞後，中路之敵絕不易先期占領密支那，進出八莫，再由八莫經南坎進出畹町、貴街之間，以截斷我主力軍之歸路，于是我細胞附近之主力軍，不難擊破臘戌、新威一帶之敵，而領有緬北山地。縱使不能擊破，或中路之敵竟追隨我之主力而轉用于細胞方面，查由細胞至南渡四十英里，有公路可通，再由南渡至南坎約三日行程，有牛車路可通，于最短期間之內，我主力軍即可回屯國境，何至行軍三月之久，並陷滇西于空虛狀態乎。

　　五、當四月廿七日我第五軍主力已集結曼德勒附近之際，非不知臘戌已陷于危也，假使不欲回救臘戌，而逕欲撤退于八莫、密支那方面，即應迅速一舉撤退，先敵到達，至少亦應以有力一部先行開至密支那、八莫，以固後路，而對曼德勒附近僅留一部掩護即足。但四月廿八日羅長官之決心尚為「我軍決在瓦城附近打擊敵人」，查

此時西路之英軍已決定撤退于遠在曼德勒西北方之喀勒瓦，而東路之敵又已進至臘戍附近，其情況之危險，實遠過于放棄平滿納會戰時之程度，第五軍各師又復均已交互戰疲，形勢如此，力量如此，尚何打擊敵人之有，但不知新卅八師此時之位置究在何處，若非等候該師轉進，則理由更少。

六、根據此次經驗，吾人深切認識在不良之退卻運動中，由于飢餓死亡病廢落伍所受之損失，比戰鬥之損失，並無二致，且有過之，吾人寧願忍受有價值之戰鬥損失，不願忍受無價值之退卻損失。此次我主力軍之避免戰鬥，不救臘戍，確屬失算，試觀杜副長官于五月七日在曼密鐵道上所發虞電，尚稱「部隊整齊，士氣甚旺」，迨五月十一日發出真未電，「避開鐵道擬經野人山向目的地（按即密支那、片馬）轉進」後，此後並未遭遇重大戰鬥，而部隊日就殘破，即其明證。

七、五月廿五日，杜副長官業已離開鐵路兩星期，是日于烏尤河邊發出有酉電，乃在其進路前方之龍京、帕生發現敵人，可知退卻一旦離開交通線，而讓敵占有交通線時，則敵快我慢，不易脫出敵之包圍，尤其進入無補給之地方，則飢餓之襲擊，有甚于敵人。

八、杜副長官奉命向密支那、片馬轉進，雖被迫離開鐵道線，而其行進方向，向仍指向該目標不變，及鈞座鑑其實屬無法達到指定目標，改令向孟關一帶轉進時，彼即指向孟關行進。查其五月十二日在滿許，五月十八日在

南沙之際，實均距荷馬林不過數日行程，再由荷馬林至燕飛爾，又不過數日行程，一到燕飛爾，即有公路運輸，可達安全地帶，但彼未奉命令，絕不改變行進方向，彼仍願行于深山曠野，與飢餓死亡相奮爭，必俟最後奉到命令，乃肯入印，堅苦卓絕，臨難不苟，真軍人也。

緬甸戰役作戰經過及失敗原因與各部優劣評判報告書

第三冊

謹呈

委員長蔣

職　林蔚呈

第六章　與作戰有關之重要事項

第一節　補給

關于遠征軍之補給經過，當另由主管部詳報，本團茲所報告者僅為下列三問題：

一、補給責任問題

我遠征軍入緬協助英軍作戰，其後方根據地，乃一距離遙遠而又不產糧食之雲南，除餉款、彈藥應由我自國內供給外，若糧秣亦自國內供給，則不但雲南境內採辦維艱，且長途運輸，亦不經濟，而尤為運輸能力所不許。故當時我中央部與英方協定為：薪給費用、武器彈藥由我方自備，主副食物由英方供給。二月九日（此時我第五軍已奉令停止入緬，第六軍亦僅劉支隊、九三師、四九師奉令入緬），本團所知對于出國部隊之給與規定如插表第六。

爾後第六軍之暫五五師，及第五軍全部，暨第六六軍主力，與憲兵部隊、兵站機關等，相繼入緬，所有主副食物，均由英方供給，截至退卻行動開始後我軍離開交通線為止，英方之補給，雖不盡圓滑（如同古戰鬥吃緊及曼德勒被敵機狂炸後，該兩地曾短時間缺糧，又如副食物常未發足定量，或竟欠缺未發，或有生菜、生肉業已腐爛者），但在大體上，尚無大礙，可稱滿意。至于我軍離開交通線後，行軍于荒僻之區，英方原無補給

設備，加以英人全部撤出緬甸，無法辦理，致我軍失卻補
給，此種情形，我固不欲責難英方，而我軍之兵站人員，
亦確屬不能擔負，惟有賴空中投送，乃可略濟其窮也。

二、補給實施問題

我軍入緬，係自一月間即已開始行動，以英方之猶
豫，時行時止，以致補給機關未能預先成立，更未能預
先入緬，預作所要之設施。迨三月中旬，我第六軍之全
部及第五軍之主力均已入緬，三月廿一日，同古戰鬥開
始，我遠征軍兵站總監林湘，甫于是日晚間由國內趕到
臘戍，據報，率同鄧分監及一部官兵技工等十六員名，
預定三月廿三日開始辦公。但此後之若干日期，又不能
不從事籌備工作，故四月十四日據我駐臘高級連絡參謀
馮衍報告稱：「職處已與林總監洽定，自四月廿一日起，
所有臘戍過境部隊機關補給運輸問題，概由兵站總監部
開始接辦」等語；換言之，即四月廿一日以前，關于我
軍之補給運輸，仍由馮衍通知英方辦理。然四月廿一日，
已為放棄平滿納會戰後之第四日，而四月廿九日臘戍即
告失陷，故我軍在緬整個作戰期間，所有補給實施事項，
除彈藥補給部分係由我方自辦外，其糧食補給部分幾全
由英方擔任之，于是發生幾種不良現象，即：

　　1. 在同古戰鬥之際，我後續部隊向前運輸時，英方常
　　　常要求我軍限制軍隊運輸數量，並遷就其預設之補
　　　給站，如被我方拒絕，則動云某地無給養，或云某
　　　地未準備許多人之給養。

2. 英方對我先頭部隊入緬時，因我方既無補給機關，而入境單位又不多，于是直接補給各團營，爾後成為習慣，軍隊亦貪其便利，不欲遽改。迨各軍相繼入緬，補給範圍極度擴張，英方補給機構難以負擔，遂常常向我叫苦，兼之運具不敷，生菜、生肉運送遲緩，致時有腐爛者。

3. 由于英方對我入緬部隊實施直接補給，遂暗中調查人數、車數，對其應供給之糧食汽油，常疑部隊多領，有時竟向馮高級連絡參謀謂我方通知人數、車數為不確，有傷我軍體面。

　　所幸以上不良現象，對于作戰行動，尚未發生嚴重影響。

三、後送問題

　　後送以傷病兵為主，當敵快速部隊突過臘戍並迅速遮斷八莫、密支那之際，全般情況變化太快，聞傷病兵之撤回國內者寥寥無幾，惟陷于敵手者究有若干，其確實人數，本團未據報告，僅可判斷為數目甚大。

所見

　　一、我軍在緬作戰，于尚未開始退卻以前，其所有造成退卻之原因，可謂均與補給無關。退卻後，我軍失卻補給，並失陷大部傷病兵，但當時情況，我兵站方面實無能為力。

　　二、補給雖未為造成退卻之一種原因，但我軍于尚

未開始退卻以前，在補給實施方面，不免有過于委諸英
方之嫌，惟以我兵站機關入緬太遲，而組織又未健全，
假使于前方緊張之際，遽行接辦，則英方一切不管，或
者竟使補給關係成為退卻原因之一，亦不可知，故當時
對于糧食補給實施部分之不遽行接管，亦合機宜。

　　三、根據此次經驗，假定我軍今後再有出國作戰之
需要時，則兵站機關實應先期組織完善，如其情況與此
次入緬相類似，則兵站人員逕可先往設施，以待軍隊之
到達。

插表第六　出國部隊給與規定表

駐滇參謀團參一科調製

三十一年二月九日

		區分	薪餉	加給	備考
本國給與	薪給部分	將官	以國幣支給（含國內加薪加給特公費）	每月一〇〇盾	加給部分以緬幣支給，以下全
		校官		每月五〇盾	
		尉官		每月二五盾	
		駕駛士兵及機工		每月二〇盾	
		軍士		每月五盾	含鞋襪補助費
		列兵		每月三盾	
	費用部分	科目	辦法		備考
		官兵主食費	公給（日給大米廿四市兩）		
		士兵副食費	月各六盾		
		醫藥費	公給（否則人馬月各四安那）		
		馬乾	公給（否則每匹月發十四盾）		
		掌韁	公給（否則每匹每月發二盾）		
		辦公費	按國幣定額三成折發緬幣		即國幣拾元改發三盾
		洗擦費	四成折發緬幣		即國幣拾元改發四盾
		修械費			
		汽車保養費			
		教育費	停支		
		諜報費	常備金全數改發緬幣		即國幣一元改發一盾
		旅費	照五成折發緬幣		仍在常備金內開支
		週轉費	集團總部四萬盾　軍部二萬盾　師部一萬盾		一次發給實報實銷

	物品	數量	備考
英方供給	米	每日每人一磅半	希望中國派一軍需官駐臘戍
	鹽	一又三分之一盎斯	
	茶	仝右	
	豬肉	定期發給	
	洋芋		
	大豆		
	醬油		
	燃料	未言供給與否	總長已函英方希望加給
	馬糧		
	轡繩		
	蹄鐵		

軍醫及傷兵車自備輸送車及汽油可撥給。
營舍及帳蓬未言明，總長已函請英方代備。
以上係對畹町四九師而言，此外復盡量供給車里、佛海九三師藥品，並在車里貯存九千人用之糧食二個月份。

附記	一、本表本國給與欄，係根據軍政部令行之入緬部隊給與修正規定記載之。 二、英方供給欄，係根據總長一月江申令一亨電記載之，此電並指示「已函英方以後經中英協定進入緬境之中國軍皆受到與畹町部隊相同之待遇」。 三、一月卅日第一次補給會議決定出國部隊經費得預發一個月至兩個月，並決定主副食運輸能由英方代辦最妥，否則在規定里程內由各部隊自行負責，在規定里程外由兵站負責，或酌發運輸補助費由各部隊自運。

第二節　交通

甲　公路部分

公路部分，純為汽車問題，英方之汽車不敷應用，在臘戍以南，對于我軍之運輸，甚少供給汽車，所幸在放棄平滿納會戰之際，俞部長曾令由中緬運輸局撥供大量汽車，故當時情況雖屬緊張，而我主力軍尚能表現一種機動姿態。

乙　鐵路部分

關于鐵路問題，遠在二月廿七日第五軍甫經再度確定隨第六軍之後續行入緬之際，鈞座于昆明令侯騰飛返臘戍，通知胡敦司令七要項，其第六項即為「鐵道由我方派一副司令主持」。

三月八日，臘戍會報，丹尼斯稱：緬甸鐵路駕駛人員，多印度人，均已逃去，擬請華方在臘戍、昆明、桂林各地于三、五日內派一部分前來補充，英方亦可由加爾各答設法，如華方在臘戍有駕駛員工，請先派出，並通知馬丁等語，當時我在臘戍並無火車駕駛員工，本團遂立以齊酉電致駐昆明之滇越鐵路線區司令沈昌，囑其從速派遣，該電全文如下：「頃因緬境鐵路員工，或怠或逃，致火車運行陷于困境，英方希望我派機車班五至十班來此協助，此事不僅英方希求，在我部隊運輸及補給關係

尤大，請迅行選派對于列車運行有經驗員工，由兄或另
派統率人員（須能調度並通英語者），乘汽車星夜駛畹
町、九谷，再行接運，薪由此間發給」。

上電發出後，同時再分電龍主任，並于九日函報鈞座。

三月九日，臘戍會報，丹尼斯又稱，希望中國火車駕駛人
員有四十人，可開十個列車，本團當告以業經發電趕調。

三月十二日，俞部長抄送總長真參電，內開：「已商交
部指派劉傳書，並飭鐵道兵團派人赴緬局報到，至副司
令人選，希兄（指俞部長）保舉侯〔候〕酌」等因。

三月中旬，沈昌飛抵臘戍，並赴美廟接洽如何幫助緬甸
鐵路運輸事。

三月廿一日，沈昌回臘報稱：關于幫助緬甸鐵路技術工
人事，接洽無結果。

三月廿二日，本團向哈蒲生提出質問，據覆稱：「已請
示，如決定不需中國之幫助時，當負責維持火車運行之
圓滑」。

三月廿四日（同古戰鬥第四日），本團感覺我軍作戰行
動，在臘戍以南，所有汽車、火車之運輸，全惟英方是

賴，我中緬局汽車，正忙于趕運國內軍隊到臘戍，又忙于趕運臘戍物資到國內，不易抽派于臘戍以南，而鐵路運輸，英方既不能維繫其員工，又拒絕我方之幫助，復無汽車補助，以致我軍行動，幾完全為不良之運輸情況所控制，認為非立即改善鐵路運輸不可，當囑沈昌再行積極交涉。

三月廿六日，沈昌面報：馬丁已表示歡迎我方派鐵路副司令及員工。

同日沈昌報告：為充分明瞭緬鐵內容起見，擬請以參謀團名義，向英方提出下列七項問題，即：

「一、列車必須開至前線軍隊所許可之前站，此項列車，必須有充分戰時經驗之司機駕駛，此種司機，緬方現有若干，其可靠之程度如何。

二、曼德勒以北之鐵路，坡度特殊，需換用三種機車，必須每種機車有充分之數目，如欲維持每日上下各五列，至少須每種機車各十五輛，並須分段停留，以防萬一重要橋梁被炸時，仍可分段行駛。現在曼德勒以北共有機車若干種，每種若干輛，其情況如何，布置如何。

三、為充分靈活運用鐵路及運輸補給起見，曼德勒以北至少須保持有風閘之蓬車一萬噸，配以平車、敞車各二千噸，此種車輛，最好均為十五噸者，以便易于配掛，他希、黑河間須有蓬車五千噸，配以平車、敞車各

一千噸。

　　四、緬甸向不出煤，現存鐵路用煤若干，存在曼德勒以北者實有若干。

　　五、如存煤用完，新煤不來，是否準備燃用木料，是否每種機車均可燃木料，或須將機車改造，又木料已否存儲。

　　六、修理機車車輛廠，均在曼德勒以南，萬一淪為戰區，修理機車如何辦理，修理材料儲備情形如何，可否即日移在曼德勒以北。行車用機油尤關重要，究竟緬甸油礦能否供給。

　　七、自臘戌至曼德勒，及自他希至黑河，共有空長在十公尺以上者若干，防護設備如何，被炸後之修理人工及材料準備如何，在未修復前擺渡設備如何，此項擺渡設備之運輸量如何。

　　以上七項，敬請惠復，本團並擬派鐵路專門人才到路旅行，俾便明瞭實際情形，屆時請派主管人員引導說明，並予以便利。」

　　（按以上問題，過于繁瑣，實不必由本團提出，本團所應提出者，乃副司令與司令間之職權問題，或我方所派鐵路員工如何幫助問題，但當時並未提出。）

本日又奉總長有參電，內開：「據鐵道兵團覆稱，遵派中校團附張學鄉、中校教官杜尚文、中尉排長陳齊華三員，于元（十三）日出發赴臘」等因。

本日下午沈昌飛渝。

三月廿七日，杜副長官敬巳電稱：「前方鐵道至為重要，現急需司機，請將已派入緬者火速派瓢背服務」等語，本團因前據沈昌報稱，所調鐵道員工約三百餘，已到遮放，當令馮衍派員持俞部長手令，用汽車往接，同時通知英方請準備由火車運至瓢背；但據回稱，並無鐵路員工到達畹町、遮放。

三月廿九日，奉總長寢參電開：「沈昌為遠征軍鐵路特派員，已商交通部張部長即發表即到緬協助英方辦理遠征軍運輸事宜」。

三月卅日，奉總長儉參電開：「緬甸鐵道副司令一職，已商得張部長同意，以劉傳書擔任，並飭其速赴臘戍矣」。

同日接俞部長轉來交通部張部長儉電，內云：「（前略）本部派沈昌為遠征軍隨軍鐵路特派員，至我方擬派副司令，亦經決定，仍以劉傳書備充，並已電迅速來臘，至沈特派員應行準備之幹部人員及機工車員工，亦經分別遴選，指定在各路抽調，限期到昆齊集出發以外，關于組織等，亦正由沈特派員在渝以儘速辦法洽辦」等語。

四月一日，奉鈞座寅艷令一元明代電，內開：「緬甸鐵路養路工人缺乏，請派三百名華工前往，已令交通部速辦」等因。

四月三日，瓢背杜副長官冬電稱：「擬以一團兵力向唐得文伊支援英軍作戰，惟我方僅有鐵道可通，情況緊急時，難免鐵道員工逃避，妨害兵力轉用，應迅速由本國鐵道人員接收，以利戎機」。

四月四日，奉總長回？參（編按：原文如此）電開：「沈昌所呈緬鐵管理計畫，已酌提聯委會。

　　一、中國派運轉副處長。

　　二、參謀團設隨軍鐵路特派員。

　　三、廿日內抽調華鐵路員一〇一人，工三九六人，
　　　　協助曼臘段鐵運。

　　四、昆明另儲職工四五〇人，備補充。

　　五、即調鐵道兵一營入緬。

　　六、？？？？（編按：原文如此）必要時，協助曼德勒以南鐵運。

　　布魯士對原則同意，細部由前方將領酌辦，希飭沈昌速進行」等因，沈昌此時在昆明調撥員工，尚未轉臘。

四月十一日，沈昌飛抵臘戌。

四月十二日，沈昌請電龍主任「轉飭滇越鐵路線區司令部，迅派現歸該部指揮之鐵道兵團之慈連，乘坐汽車，星夜開臘戍，歸沈特派員指揮」，本團予以照辦，但此時距放棄平滿納會戰之日，只有六日矣。

同日奉鈞座卯齊午令一亨調電開：「查關于緬甸鐵路應行軍事管理司令由英方指派我方派一副司令及其實施辦法一案，於日昨在聯合軍事委員會提出，與英美代表商洽，原則上已獲同意，其詳細辦法，由前方軍事長官洽商辦理。前任沈昌為遠征軍鐵路特派員，即到緬協助英方辦理遠征軍鐵路軍運事宜，至副司令一職，以英方無線區司令部之組織，僅有一運轉處，將來即以交通部劉科長傳書充任運轉處副處長」等因。

四月十四日，沈昌擬呈中國遠征軍隨軍鐵路特派員服務暫行條例，其內容下：

第一條　隨軍鐵路特派員，由交通部鐵路主管人員中遴選適當人員派充，並呈請軍事委員會備案。

第二條　隨軍鐵路特派員，承中國遠征軍司令長官之命，指揮所屬員工，辦理遠征軍有關鐵路一切事宜。

第三條　在中國遠征軍作戰區域內友邦鐵路，有需我國員工參加協助時，得由特派員遴選員工前往服務。

第四條　遠征軍作戰區域內，凡本國辦理鐵路之員工，統歸特派員指揮調遣；必要時，得商調服務友

邦或友軍之鐵路員工以為協助。

第五條　特派員為保護鐵路維持運輸，得請當地駐軍最高指揮官派遣軍隊護路或協助工作，並得徵發必要物資。

第六條　特派員承當地司令長官之命，得命令鐵路人員移存鐵路車輛材料，或折移鐵路路軌及其附屬品，必要時得派遣員工逕自辦理之。

第七條　特派員承當地司令長官之命，得命令中止行車，破壞或展築鐵道路基路軌及其附屬品。

第八條　隨軍鐵路特派員所屬員工職稱名額，另定之。

第九條　本條例自交通部公布之日施行。

四月十六日，奉總長刪參電，節開：「公權函告，車務、機務人員，佳日（即四月九日）由衡出發；工程人員，寒（即四月十四日）由昆出發；餘由立蓀（即沈昌）在臘戍承辦理。又運轉副處長人選，兄擬何人擔任，盼覆，等語」等因。

四月十九日，昆明運輸局陳副局長巧電：「派緬之鐵路員工及鐵道兵（按即慈連），已于本月十五日派新綏公司四車，及十六日派遠成公司貳車承運」。

四月廿三日，奉總長馬參電開：「准卯虞日布魯士函，請我方派運轉副處長及鐵道副處長各一人，現運轉副處長已

派定劉傳書、鐵道副處長派張學鰈？（編按：原文如此）充，除覆布魯士外，希與英方接洽後，即飭該員等向英軍部報到服務，見覆」（按劉、張二員，未見來臘報告）。

以上為我方派遣主持鐵路人員，抽調鐵路員工，並與英方折衝幫助緬鐵運輸之概略經過。茲再將戰時鐵路之故障及因運輸遲緩所影響于作戰之情形，簡述如下：

一、三月廿一日，同古戰鬥開始，史迪威參謀長下達作戰命令，規定以二百師及第五軍直屬隊暨第六軍之暫五五師主力，在同古附近拒止由培古北進之敵，當時二百師已在同古，第五軍直屬隊，除戰防砲營尚未到臘外，其餘均在臘戍以南向前運輸中，而且大部分業已到達瓢背、平滿納一帶地區，第六軍之暫五五師主力，則在雷列姆附近，均距同古不超過二日運程。但截至四月卅日同古戰鬥結束為止，第五軍之直屬隊僅有補充團一團另兩營參加，而暫五五師主力則始終在黑河待車，以致擔任同古戰鬥之兵力與我預定使用之兵力相差懸遠，不能達到拒止敵人之目的。

二、三月廿二日，平滿納至同古間，英方停開火車，影響我軍機動，經本團向哈蒲生提出質問，據稱：緬甸鐵路尚不歸軍事管制，當設法辦理，等語。嗣乃恢復行車。

三、三月廿八日，同古戰鬥勝敗將分之際，史迪威參謀長決心反攻同古，于上午十一時下達作戰命令，規定以到達葉達西附近之新二二師及第五軍直屬隊之一部，與

同古附近之二百師，夾擊同古之敵，但廿八日二百師業已戰鬥八日，是晚即因不支而由同古撤退，致反攻不成功。查新二二師三月廿二日已在曼德勒附近集結完畢，預定廿三日向平滿納輸送，爾後又改向葉達西輸送，而曼德勒至葉達西不過203英里，行車時間僅需十五、六小時，縱使每日輸送兩團，則廿四日亦可完全到達葉達西，此日正為敵之一部迂迴同古北面飛行場之際，亦即正為我反攻同古夾擊敵人之良好時機，假使不因鐵路運輸一再遷延（已詳第五章第二節），則何至遲至廿七日新二二師全部及第五軍直屬隊之一部始到葉達西，又何至廿八日始下反攻命令。又上項命令並規定九六師及暫五五師主力均集中平滿納，其用意係作為反攻之總預備隊，查廿八日九六師已過曼德勒，暫五十五師主力則仍在黑河待車，乃廿七日瓢背、平滿納間忽有空車出軌，阻礙輸送達一日夜之久，而廿九日黑河、他希間又有客車出軌，須卅日晚始能修復。三月廿六、七日職曾前往曼德勒、瓢背一帶視察，實親見鐵道運輸非常緩慢，且成為無人管理之狀態，宜乎我軍反攻同古之不能適應時機，而終至放棄反攻也。

　　四、四月四日，我九六師在平滿納，因普羅美方面英軍後撤，為顧慮側背安全計，派一營赴沙斯瓦築工警戒，查平滿納至沙斯瓦不到半日火車行程，乃以英方停開火車，而改乘汽車，迂迴甚遠之距離，竟不知走向何方，直至四月十二日，始知到達唐得文伊之北面，且在該地英軍之背後，所幸在此期間以內，雖屢次據報沙斯瓦及其附

近有敵，而實係無敵，否則將受影響不小。

　　五、我軍放棄平滿納會戰後，四月廿日，二百師乘汽車增援西路英軍，是日下午，得知東路第六軍之羅衣攷方面非常危急，羅長（編按：漏一「官」字，即羅卓英）決定以新二二師全部附戰車及戰防砲各一部由廖師長率領增援，但須待二百師輸送完畢後，乃有汽車，而火車又不可靠，結果竟未能利用火車，而係將二百師用原汽車載回，增援第六軍方面，但四月廿三日二百師始達黑河，而該路敵之一部已占領棠吉，迨廿四日二百師開始攻擊棠吉，而敵之主力則已突破雷列姆逕向臘戌方向挺進矣。

　　六、四月廿五日，為我軍開始退卻之前一日，第五軍少校參謀鄭克洪，奉命押運該軍公文行李，由曼德勒北方之斯威薄乘火車赴密支那，以一日夜之火車行程，竟經十日之久始達密支那。又廿五日臘戌至細胞間復有火車一列裝載我軍子彈百餘萬碰車出軌，截至廿九日臘戌失陷為止，無人修復。

　　七、五月一日，為我軍開始退卻後之第六日，羅長官由斯威薄乘火車向卡薩轉進，甫出斯威薄二英里，即發生碰車，竟日修復，始開抵坎巴拉車站。五月二日，杜副長官冬電：斯威薄以北鐵道，車站鐵軌多被炸毀，員工星散，無法利用，公路又不通，車輛、重武器欲直運畹町，實屬困難。

所見：

一、由上所述，可知我軍在緬整個作戰期間，無論前進運動，後退運動，以及向側方轉用兵力，莫不受鐵路運輸之重大影響，其所以然之原因，固為英方有許多內在弱點，而我方之幫助力始終未能到達，實為唯一缺陷。

二、遠在二月廿七日鈞座即已決定幫助緬鐵運輸，令侯騰通知胡敦司令，「鐵道由我方派一副司令主持」，爾後所以久未實現者，固由英方遷延，而我方所派鐵路人員接洽不得要領，亦為原因之一。查三月八日英方所請駕駛員工，截至三月中旬，一名未到，毫無實力表現，此時沈昌飛抵臘戍，前往美廟，徒事口說，無怪英方謝絕，及馬丁表示歡迎我方派鐵路副司令及員工後，三月廿六日我方仍無一名員工到緬（此指實際開車員工而言），乃只在書面上作文章。四月四日，奉總長電示：沈昌所呈緬鐵管理計畫布魯士原則同意，細部由前方將領酌辦，四月十一日沈昌飛抵臘戍，仍無一名駕駛員工，四月十四日沈昌所擬中國遠征軍隨軍鐵路特派員服務暫行條例，對如何處置鐵路，規定甚詳，而于如何幫助行車，則僅在第三條輕描淡寫，究竟在我軍作戰區域內，應否負責交涉在某段鐵路上須調撥若干車輛歸我自行開駛，或應否負責交涉在某數段鐵路內必須有若干車輛由我方員工幫助行駛，此乃作戰上之急切需要，則全未提及，雖云條例上不便如此寫，但事實上亦未如此做。四月十六日，奉總長電示：張部長函告，車務、機務人員四月九日由衡陽出發，工程人員四月

十四日由昆明出發，但自三月八日以來，前方所日夜盼望者，實為車務、機務人員，而此時尚在衡陽。四月十九日，昆明中緬運輸局陳副局長巧電稱：派緬之鐵路員工（按即工程人員）及鐵道兵（按即慈連），已于十五日派四車、十六日派兩車承運，查此部人員如能早到，則我軍在退卻期中，對曼德勒以北之鐵路，亦可賴以修理維持，而便利我軍之迅速轉進，假使在五月八日敵人占領密支那以前，我九六師能先到密支那，則我主力軍即可賴以掩護而全部集中密支那，絕不至有後來之重大損失，但惜此部員工及鐵道兵亦出發太晚。查昆明至臘戍之汽車運輸，正常行程須七至八日，如車有故障，則須八日以上，故其到臘戍之時間，已在四月廿三、四以後，四月廿九日臘戍即失守。故終緬甸戰役，雖有一部工程人員及一部鐵道兵到緬，但時機已過，無論對于我軍之前進退後，在鐵路運輸方面，實均未發生絲毫幫助也。

三、根據此次經驗，以後對于輔助軍事機關令其有所行動時，似非嚴行限期不可。

第三節　通信

緬甸戰役，通信之不良，其影響于作戰之程度，比之交通，實相伯仲，茲分述如下：

甲、有線電報

二月廿日，本團尚未入緬之際，昆明通臘戌之有線電報，係由昆明以無線電發至畹町，再由畹町以有線電轉往臘戌，當時保山已設快機，惟保山、臘戌段電力甚弱，當囑交通部駐昆特派員聶傳儒迅速改善，並指示辦法如下：

1. 昆明至保山應先以有線電直達。
2. 保山至臘戌，可在龍陵或遮放添設幫電機。

聶特派員允即照辦，並云如效率良好，則以後昆明至臘戌有線電報，當由保山轉報，惟昆臘直達，須俟保臘段直通後，視情形如何再辦。

以上為準備由國內與緬甸直通有線電報之處置，後來在緬甸戰役經過中，雖通報甚遲，但本團退至畹町以後，苟非滇西沿線之電報、電話業已辦通，則絕不能迅調三十六師之部隊阻敵于惠通橋。

三月一日，本團一小部人員入緬，三月六日，據軍令部通信指揮部王參謀長德新報告，略稱：「奉總長命，到臘與緬印代表商決中緬印通訊問題，因交通部代表聶傳儒尚未趕到，而緬方重要軍政長官多在美廟，何日開會，

未能預定，五日下午二時與印代表 DAGG 少校同赴臘戍
電局參觀，臘戍至畹町報線阻斷，不通昆明，各報均交
航郵，以是稽延七、八日不等」等語。

三月十日、十一日，王參謀長、聶特派員先後赴美廟開
會，緬方出席主要人員為鮑溫（Colonel W. O. Bowen）
上校通信指揮官、史可特（Colonel C. M. Scott）緬電政
管理局總工程師，十一日至十三日，開會完畢，十五日
據報在會議中討論及議決事項如下（包含電話及無線電，
參閱插圖第二十二）：

1. 中方代表提出臘戍、美廟、曼德勒、他希、瓢背、
   棠吉、雷列姆、景東等八處立即改為廿四小時報話
   工作。緬方代表聲明：除臘戍、美廟、曼德勒、他
   希、棠吉等五局業經改為廿四小時工作外，其餘瓢
   背、雷列姆、景東三處，當于四月一日起實行。

2. 緬方代表同意中國指派長途話務員至有關各局工
   作，辦理華語軍事通話業務。

3. 雙方同意添設臘戍、雷列姆間長途電話線，除銅
   線、磁頭由中國供給外，所有木桿及架線工程，均
   由緬方徵集主辦（臘戍至雷列姆線路長度約二百十
   英里，緬方口頭允許徵桿時期為一月，材料到齊後
   工作日期約為一個半月）（按自三月十三日加兩個
   半月，已為六月底，緬甸作戰業已完畢，故終緬甸
   戰役，此線並未架設）。

4. 緬方允派通信連絡參謀一人駐臘戌，接洽有關中國
軍事通信事宜，並允準備電話專線十至十五對，以
備在臘戌中國軍事機關之應用。

5. 中國代表聲明：昆明、畹町間單路載波電話，業已著
手裝設，並將于二個月內完成（按三月十三日加二
個月，為五月十三日，敵我已在惠通橋對峙），緬
方計劃南坎、雷允間之鐵話線，改換銅質線條，並
以南坎為話線接轉局，中方對此項計畫表示同意（按
後來臘戌經南坎至雷允之電話，英方雖云能通，但
本團與雷允美志願隊之連絡，始終未打通電話），
又緬方于需要時在臘戌負責裝置話音幫電機，並將
南坎、九谷鐵線改為銅線。

6. 緬方代表同意建築打洛、景東間銅報線一條，日後
必要時可改作話線之用。

7. 緬印雙方同意建設印緬境內沿中印公路之銅話線
一對。

8. 緬方同意在臘戌加設無線電台，開放臘戌、重慶
電路。

9. 緬方允許中國在臘戌、八莫、美廟及景東四處設立
無線電台，其波長由中緬兩主管機關會商之。

10. 中國入緬部隊使用緬境通信，應與英國軍隊享受同
樣之便利，得使用印電紙免費發電（此項報費將來
由雙方政府結算之），所有數字及密語電報，緬方
電局均應收發，惟中國部隊駐在地及電報掛號，應

隨時通知當地電局，以便投送。

　　以上會議結束後，關于規定中國入緬部隊得使用印電紙免費發電一節，曾通知各部隊，但前方部隊多不知如何利用，加以移動頻繁，未向電局掛號，而緬境電局復不能明瞭我方何人為某某軍長、何人為某某師長，尤以國內來電，不悉前方部隊之確實位置，多加探送二字，緬電局竟至不能決定應向何處投遞，據聞因此積壓電報甚多，本團乃囑聶特派員再行研究。三月廿二日，聶特派員呈出「入緬軍事機關部隊發電通話須知」，由本團轉發知照，其內容如下：

一、在緬軍事機關及部隊，因公發電，可向軍委會駐緬參謀團領用特別規定之印電紙，在緬境各地電局及曼德勒與臘戍國際電台拍發記賬官電。

二、上項記賬官電，分為特急（Most Immediate）、急（Immediate）及重要（Important）三種，應權衡緩急，酌量使用，並于報頭將電報種類用英文註明。

三、發電電文可用密語及數字。

四、為便利緬境電局（台）投送起見，凡收報人之姓名地址不用英文者，應照附表所定電報掛號辦法辦理。

五、在緬軍事機關，經核准裝用市內電話或專用電話者，因公務之需要，得使用記賬長途電話。

六、上項公務通話，非有特殊情形者，每次不得超過電局規定之時間，以免久占線路，影響軍訊。

七、凡不照第五條之規定向普通電話用戶或電話零售處使
　　用長途電話者，仍應照章納費。

八、凡不關緊要情事或報告，不得濫發特急記賬官電，並
　　不得以私事濫發記賬官電或使用記賬長途電話。

九、各軍事機關及部隊，應于每月月終將所發之記賬官電
　　摘敘電報種類、字數、日期及收發人姓名地址等，
　　列表送參謀團，以備稽考。

附駐緬軍事機關部隊掛號表，如插表第七。

插表第七　駐緬軍事機關部隊電報掛號表

名稱	電報掛號	
	（1）	（2）
駐緬參謀團	CALIC	8627
遠征軍第一路長官司令部	NEWLU	6257
遠征軍第一路副長官司令部	MELCO	5266
第五軍軍部	SHANE	4121
二百師師部	PHONG	1436
新二二師師部	KELSH	9267
九六師師部	ROTIP	5886
第六軍軍部	HUNCK	3943
四九師師部	LAFTY	2605
九三師師部	BATUG	1561
暫五五師師部	DEGMO	2434
劉支隊	VICRY	7298
遠征軍兵站總監部	QUECK	5084
第一兵站分監部	GOPCY	0429
第二兵站分監部	FLEWN	4553
後勤部俞部長	SLEWE	3028

說明及使用方法
1. 表列各機關部隊之電報掛號各予規定兩種，任何一種可以代表各該機關部隊之名稱住址。
2. 各機關部隊應將規定之電報掛號及詳細住址向當地電報局及曼德勒與臘戍國際電台登記，以便遇有來電可按址投送，住址變更或駐地移動時應通知電報局或電台將來電改送或轉發某處。
3. 各機關部隊應將電報掛號通知在緬及國內有關機關，以便用以發電。
4. 凡發致表列各機關部隊之電報報頭，應用電報掛號，其書法應將掛號列在地名之前，地名並應用英文書寫，例如發致臘戍參謀團之電報報頭應寫作 CALIC LASHIO 或 8627 LASHIO。
5. 在緬師以下部隊及未經本表規定電報掛號之軍事機關拍發電報時，可用其上級或附近機關部隊之電報掛號轉，其確有另訂掛號之必要者，須呈准參謀團後，方可增加。

上項發報通話須知發出後，三月卅一日重慶寄到印電紙壹萬張，當即分發，並規定四月五日起實行，同時通知英方，但迄臘戍失陷為止，本團未見前方部隊有使用有線電報者，而臘戍對國內之緊急通信，亦未使用有線電報，前後方所以均未使用有線電報之原因，除見下文胡敦覆侯代表函外，益以電話尚且不靈，則有線電報當更慢，故不願使用耳。

三月廿一日，同古戰鬥開始，本團因我前後方對于電報電話之使用頗不靈活，曾令侯代表向英方交涉，三月廿八日據侯代表寢代電稱，英緬軍總參謀長胡敦將軍答覆本處公函，內稱：「謹覆閣下三月廿二日大扎，茲開列鄙人調查之情況內容如下：

1. 緬境電報及電話之設備，平日尚稱完善，自戰事爆發後，電話及電報之應用繁重，似有不敷實際需要之處。

2. 同古、曼德勒及臘戌之間，現僅有一電話線供各方
   應用，電報則有二線，一線架于同古、曼德勒之
   間，一線架于曼德勒、美廟、臘戌之間（按實即臘
   戌、同古一線），目前我（英）方可供貴軍專用者，
   只有同古至曼德勒一線（按即臘戌不能對同古通有線
   電報），該線現尚未接通美廟，一俟新線敷成後，
   當撥貴軍。

3. 瓢背至同古一線，由鄙人交涉，以便移交貴軍，然
   該段間尚有政府官員數位使用該線，希貴軍隨時准
   彼等應用為荷。

4. 瓢背、美廟及美廟、臘戌段，因僅有一電話線，目
   前尚不能供貴軍應用，該線若應用繁忙，不免遲延
   消息，然鄙人深信貴軍使用時，當可獲優先權也。

5. 貴軍若能于緬境各電報局內各派貴方助理員一名聯
   絡，當可協助不小，為雙方密切合作起見，擬商請
   貴方所派之助理員不得干涉電報線技術方面事宜。

6. 鄙方平日對于電話及電報之通信，向依次序之先後
   拍發，鄙方于另函中曾提及除貴軍總司令及總參謀
   長之電話或電報可隨時拍發外，請貴軍依次序之先
   後拍發為盼，但能享受以上特權者，尚有：

A. 緬甸總督 ┐
B. 英軍總司令 ┤── 三人
C. 空軍總司令 ┘

如此，則可應付緊急之用也。」

乙、有線電話

　　我軍在緬作戰，除對有線電報之利用非常困難竟至未能利用外，對于有線電話，亘戰役之始終，亦只對中路第五軍方面乃有一條電話線，且此電話線于平滿納會戰阻擊兵團戰鬥開始之日（四月六日）即告不通，此後雖再通二、三次，但自四月十二日起，即永遠不通。至于第六軍方面，其與本團之連絡，既無電話線，亦無電報線，而對瓢背之杜副長官，亦不能直通電話。

三月廿日（同古戰鬥開始前一日），本團鑑于我軍之通信困難，召集王參謀長、聶特派員及入緬各通信部隊長在臘戍開通信會議，當時得知緬甸通信現況如下（參閱插圖第廿三）：

一、臘戍經美廟、曼德勒、他希、平滿納至同古，話線、報線均有。

二、臘戍至雷列姆，話線、報線均無（中緬印通信會議雖議決架設雙銅話線，但完成之期尚屬遙遠）。

三、他希至棠吉，話線、報線均有。

四、棠吉至雷列姆，有報線，無話線。

五、棠吉經羅衣攷至毛奇，不明。

六、雷列姆至芒乃，有報線，無話線。

七、芒乃至猛畔，話線、報線均無。

八、雷列姆至景東，有報線，無話線。

九、景東至杭魯克，話線、報線均無。

十、景東至打洛，話線、報線均無（中緬印通信會議雖
　　議決建築銅報線一條，日後必要時可改作話線之
　　用，但何日動工，何日完成，亦遙遙無期）。

　本團根據上述情形，認為第六軍方面對其前方部隊
不能通話，頗有危險，乃決定：

一、棠吉經羅衣攷至毛奇，應架雙銅話線，並由我方
　　自行架設，俾毛奇方面之情況能經棠吉、他希線
　　迅速達于瓢背及臘戌。

二、芒乃至猛畔，應架雙鐵話線，如有材料及英方能
　　徵發木桿，則由第六軍通信部隊架設，俾第六軍
　　能迅速獲得猛畔方面之情報。

（按上項決定，爾後均未辦到）。

　至于臘戌、雷列姆間之雙銅話線，中緬印通信會議
既議決架設，應即從速辦理，惟線料、磁頭由我方供給，
全長二百十英里，我交通部在臘戌所準備之材料只有
一百五十英里，尚差六十英里，磁頭則完全無有，當電
交通部迅速撥運，並令聶特派員轉催英方趕架，但結果
所差材料固未運到，即現有之材料亦終未開始架設。

　此外尚有棠吉、雷列姆一段，為我五、六兩軍橫方向
通話必不可少之線，此段是否亦由英方架設，未見正式報
告。但王參謀長、聶特派員稱：中緬印通信會議亦議決由
英方擔任架設雙銅話線，英方並允儘速架設，但未限定日
期等語，本團亦令聶特派員立即催促，但結果亦未動工。

三月廿八日　侯代表所呈寢代電（已見前）內，附有英文緬甸電話網圖一張，經譯出（如插圖第廿四），始悉美廟英緬軍總司令部與普羅美方面英軍之通話，須經過曼德勒，而本團在臘戍與瓢背之通話，既須經過美廟，又須經過曼德勒，雙方均使用美廟、曼德勒間之一段，則該段之擁擠程度可知。當時緬甸各電局既全歸英方掌握，其員工又不懂華語，究竟何人有接話優先權，何事有接話優先權，電局員工絕難判斷，本團據此，遂令侯代表再向英方交涉。三月卅日，接英方通知，略謂：「緬政府當局通知緬電話局，規定臘戍、美廟、曼德勒、瓢背電話線，午前八至九時，午後九至十時，歸中國遠征軍專用，其他時間仍可通話」等語，然此項規定，電局仍未遵守，我方接話仍十九不通，直至四月十二日以後，竟完全不通，究係電局員工逃亡歟，抑係緬奸作祟歟，抑係英方忙于指導伊洛瓦底江方面之英軍而不肯為我接話歟，均不得而知。

三月卅日，接甘軍長來電，請求交涉能自其軍部所在地之雷列姆，利用現有電報線，西與瓢背，東與景東通話，卅一日，本團致函馬丁，嗣接四月三日覆函，其內容如下：

　　「下列各線：

　　雷列姆、棠吉間，

　　雷列姆、景東間，

　　棠吉、雷列姆間，

可通軍用電話，其時間為每日（包括星期日）：

上午一時至三時，

七時至九時，

下午五時至七時，

上述時間為中國軍隊專用，除遇特別情況，請勿越此範圍」等語。本團當即轉知甘軍長，但甘軍長仍始終未能與瓢背、景東通話，其原因為何，未據報告。依判斷，似係中間電局既無話機，又無我方接轉電話之人，而英方亦未將報線與話線連接，致頗難達成通話目的。

關于接轉電話人員，本團于三月八日，即電請交通部張部長速派幹練話務員男女各八人來緬，並另電總長何及副總長白，請飭由麻江通信兵學校抽派幹練學兵卅名，以汽車輪送來緬，此項學兵，乃準備用以守機者。當時緬甸長途話局由我方派員自行接線事，英方業已同意，三月十日會報，丹尼斯並表示中國所派話務員到緬可隨時通知隨時加入電局工作，三月廿日據聶特派員報稱：「交通部已派話務員四員，于十八日由昆明動身，預定畹町、臘戍各派二員，其餘已電各處指派，集中昆明後，再分派」等語。但此四員因在昆明等候飛機，迄未到緬，其餘亦均未到緬，惟通校學兵則于四月廿三日由排長陳志中率領抵臘，除兩名因病落伍外，實到廿八名，當交王參謀長分派，計臘戍、貴街、南坎各局各三名，其餘十九名派往長官部，請由長官部酌量分配于美廟、曼德勒、他希、瓢背、棠吉各局，擔任守機工作，

但時機太晚，此時東路之敵業已攻占棠吉，故截至臘戍失陷為止，本團與皎克西長官部電話，仍未能通。

以上僅言通話業務，至于通信線路之搶修及維護，在四月十七日以前，到緬通信部隊，僅有通六團第七連之四個排，除一排配屬本團外，其餘三排均配屬長官部。此項部隊，須分別擔任本團及長官部所在地電話網之架設及通話，對于長途電話線之搶修及維護，無多餘力。四月十六日，奉總長刪參電，節開：「交部已在各區抽調通信及搶修各三隊，共約一百人赴緬，惟到緬尚須時日」等因，本團知此項人員一時不能到來，四月十七日，通六團第二營丁營長又率通信兵兩排抵臘，乃令其率一排趕往長官部報到，于是長官部之通信兵共有四排，本團有兩排（另有一總機班），遂與羅長官商定分配搶修維護地段如下：

一、臘戍至細胞：由參謀團派一排擔任。

二、細胞至美廟：由長官部派一排擔任。

三、美廟經曼德勒、他希：由長官部派兩排並配屬交通部已到緬之工程隊（只一、二十人）擔任。

四、他希以南：由第五軍通信營派隊擔任。

五、雷列姆經棠吉至他希：由第六軍通信營派隊擔任。

此外由臘戍向後方至畹町間之線路，則由本團派憲兵巡查，如生障礙，即于擔任臘戍電話網之通信排內臨時派兵搶修之。

然上項處置實行後，前後方之電話仍不通，蓋其弊

不在線路，而在電局也。

丙、無線電報

我軍在緬作戰，對于有線電報既未能利用，而電話又不通，故除補助通信手段外，竟全部利用無線電通信，當時所有無線電部隊之數量及其分配情形，如插表第八。

插表第八　入緬無線電通信部隊配屬一覽表

配屬機關	電台（班）番號	台（班）長姓名	電力（單位瓦特）	備考
參謀團	軍政部第三報話台	劉繩武	一〇〇〇	三月六日到臘戍，先向俞部長報到。三月十四日劉台長到本團報到，開始受本團指揮。
	通六團二營第七班	王通一	一五	四月七日起，配屬本團工作。
	通六團三營第四班	徐逸容	一五	三月二十一日配屬本團工作。
遠征軍第一路長官部	通六團二營第三班	史耀庭	五〇	三月二十一日至四月七日配屬本團，四月七日以後改配長官部（四月十日報到）。
	通六團三營第五班	崔光耀	五〇	三月二十一日至四月七日配屬本團，四月七日以後改配長官部（四月十日）報到。
	通六團二營第四班	胡漢光	一五	四月二十日由丁營長率領向長官部報到。
遠征軍第一路副長官部	通六團二營第五班	祿九瑞	五〇	三月三十一日到瓢背報到。
	通六團獨立第一班	趙紀昌	一五	此五個班，係軍政部駐昆辦事處奉委座諭編配成立，由交三分處發器材，通六團抽調人員，三月二十七日到臘戍，四月四日到瓢背副長官部報到，原擬供聯絡人員使用。
	通六團獨立第二班	游克歧	五	
	通六團獨立第三班	任錚	一五	
	通六團獨立第四班	高璧	一五	
	通六團獨立第五班	田浩	五	
駐印緬軍事代表辦事處	軍政部第三十四電台	計昌宗	一〇〇	二月間已到美廟，轉進後即歸還建制。
附記	一、羅長官部駐美廟時，與重慶連絡，利用侯代表之第三十四電台。 二、杜副長官部因其原有之五十瓦特電台與重慶直接連絡困難，呈准總長發給一百瓦特無線電整架機一部，據交通司駐臘張代表四月十五日報告，該項機器業經航運抵臘，已先行撥交第五軍馮站長接收應用。 三、四月三十日（當時羅長官已離美廟，第三十四電台已回國）奉委座手令，由俞部長籌給二座電台，交羅長官，俾可與渝方直接通信，當由俞部長撥派二百瓦特電台一座，于五月一日由遮放開往八莫，供羅長官使用，但該台到畹町時，已不能通過南坎，仍舊折回。			

除分配情形外，其電訊連絡情形，可分為下列各方面簡述之。

一、臘戌重慶間

  1. 在第三報話台未到臘戌（三月十四日）以前，臘渝間之通信，係由駐臘中緬局電台，轉昆明中緬局電台，再轉重慶，該台夜間多不工作，故電報常遲到。

  2. 第三報話台到臘後，渝臘間通信較暢，但三月廿六日下午四時廿分，該台發電機之發電子燒壞，停止工作，三月卅日始修復，在此期內，仍由中緬局台發昆明轉，是為渝臘間通信最壞時期。

  3. 臘戌國際電台于三月底設立，四月一日開始利用對渝通電，但四月一日起，我第三報話台未再生障礙，且國際電台于臘戌失陷前數日即由英方破壞，故該台被利用發電之時期甚短。

二、臘戌雷允間

  係由我駐臘防空支台擔任，機器時生故障，通信效率不良。

三、本團與長官部間

  在未開始退卻以前，通信尚稱良好，自長官部由曼德勒北撤後，即不易通報。

四、本團與杜副長官間

  1. 本團在臘時，有本團電台與第五軍電台，又有第五軍駐臘電台與第五軍電台，雙重連絡，未嘗間斷，但電報仍常見遲到，則另有原因。

2. 本團撤離臘戍後，與杜副長官之電台時通時阻，其原因：

A. 據杜電稱，電台移動，不能按時宿營，未曾架設。

B. 撤退後電台損失甚多，且部隊分離，軍部連絡單位過多。

五、本團與甘軍長間

1. 本團在臘時，對于甘軍長亦為雙重連絡，除該軍軍部在移動時期外，未嘗間斷，但電報仍遲到，亦另有原因。

2. 本團撤離臘戍後，除該軍軍部在移動外，尚能連絡。

六、本團與第六六軍間

1. 對張軍長與新廿八師、新廿九師，于作戰時，因距離不遠，有電話可通，使用電台連絡之機會甚少。

2. 對新卅八師，在本團未離臘戍以前，曾有一度連絡，離臘後，失卻連絡。

七、本團與各師間

1. 本團與五、六兩軍之各師，均有連絡，惟直接通報之時機甚少。

2. 二百師孤立于棠吉附近之際，本團與之切取連絡，但該師電台未能收本團之報，而不能發報，後乃知係機件發生故障。

八、長官部與各方面之連絡

據本團通信參謀調查，初期尚佳，但自曼德勒轉進後，三個電台損失兩個，所餘一個，機器一度損壞，後

始修復，故曾與本團失連絡且與五、六兩軍有長時期失連絡。

九、第五軍與各方面及其內部之連絡

　　據本團通信參謀調查，該軍電台甚多，軍對上級機關及第六軍暨所屬各師，各有專台連絡，故通信確實，但自曼德勒北撤後，電台損失，連絡較差。

十、第六軍與各方面及其內部之連絡

　　據本團通信參謀調查，該軍電台比第五軍電台為甚少，管理亦欠佳，故其對長官部及第五軍暨所屬各師之連絡，均不敏確，至其對于本團，在四月十九日以前，連絡亦不確實，電報竟有遲到三、四日者。

十一、第六六軍與各方面及其內部之連絡

　　該軍新卅八師係歸羅長官直接指揮，其餘在滇緬路作戰，該軍軍部對本團及新廿八師、新廿九師極少使用無線電。

十二、本團電台之另一任務

　　遠征軍入緬後，各部隊之電台電力太小，不能與重慶直接通報，自第三報話台到臘開設並配屬本團後，于是本團各電台均擔任重慶與在緬各部隊間之轉報（即本團第三報話台收重慶之報，交本團小電台轉各部隊，本團小電台又收各部隊之報，交第三報話台轉重慶），惟羅長官在美廟與重慶往來電告，係由配屬侯代表之三十四台收發。

　　以上為我遠征軍在緬作戰期間對于前後方使用無線

電連絡之全般概況，至于電報遲到之原因，除機器發生
故障，或電台不足，規定連絡時間太少而外，則另有許
多在收發傳遞手續上及翻譯工作上習而不察之積弊。本
團與五、六兩軍之間，于臘戌未失以前，既係雙重連絡，
且既為無線電，即應能立時發出、立時接到，何以竟有
遲至數日之久者，乃令本團參謀處加以研究，訂定「收
發重要電報規則」，剔除一切稽延時間之階段及積弊，
自四月十三日由本團各電台及收發譯電人員實行起，立
即發生效果，迨此辦法達到前方，四月十九日當日即能
接到甘軍長之電報，茲將該規則之內容記載如下：

參謀團收發重要電報規則
　一、本團為謀矯正來去重要電報之遲緩原因，並為稽
　　　考各承辦人員之責任起見，特訂定本規則。
　二、凡在臘戌之軍用電台（班），以及本團參謀處、電
　　　務室，均應遵守本規則之規定。
　三、發報規定事項：
　　　1. 凡重要急報，均由團長直接交參謀處發出，不經
　　　　過團本部收發及外收發。
　　　2. 參謀處應指定參謀一員（沈參謀定），專管急電
　　　　收發事項，並負責將收發譯送時間，分別登記於
　　　　發報時間稽核表。
　　　3. 沈參謀登記發報時間稽核表時，對于各欄時間，
　　　　必須詳細登記其為幾點幾分，為求時間準確起

見，該參謀應與電務室及各電台隨時對錶。

4. 沈參謀奉到團長交下已判行之急電稿後，應在發報時間稽核表內立即登記收報機關、電文韻目及交下時間，限於三分鐘內移送電務室，其移送電務室之時間，仍由該參謀登記，連同稽核表與電稿一併送達電務室。

5. 電務室收到上項急電稿及稽核表後，應立即查明表內所載送譯時間是否正確，如無錯誤，即在該欄所載之時間上蓋章負責，將稽核表退還沈參謀。

6. 電務室對于所收之急電稿，應立即開始翻譯，不得停留，譯完後，將譯完時間註于電紙上之上額，立即移送沈參謀，沈參謀收到譯好電報後，查明譯完時間無誤，即記載入稽核表之譯完時間欄，如有誤，應按照實在時間記入，不得徇情。

7. 沈參謀收到譯好之電報後，應於三分鐘內派車送出，並將送出時間登記於稽核表之送出時間欄內，同時記載電報號數，並在電話上詢問該發報台收到之時間，記載於電台收到時間欄內。

8. 沈參謀發送上項急報時，應在電紙上端加蓋「最速件」之藍色戳記，以期引起發報台之注意。

9. 發報台班收到交發蓋有藍色「最速件」戳記之電報後，應在送電簿上註明幾點幾分收到，蓋章，並立即以最迅速之方法發出，又此項電報發出後，應立將發出時間以電話通知沈參謀登記（沈

參謀亦應以電話隨時詢問已否發出）。

10. 各電台班應將本團每日所送發之急報，連同普通軍電，一併造報送發電報登記表，以憑查考，表格由本團印發，用完後，報請續發。

四、收報規定事項：

1. 各電台班，收到各機關部隊發給本團之急電後，應立即在電紙上額註明幾點幾分收到，蓋章負責，並立用電話通知本團參謀處第一科沈參謀。

2. 沈參謀接到上項通知後，應立即詢明發報機關來電號數，電台收到時間，連同其本人得到電話通知時間，一併記載于收報時間稽核表，並限于三分鐘內派車取報，並將派車取報時間亦記載之。

3. 急報取回後，沈參謀應將取回時間登記，仍限于三分鐘內送達電務室翻譯，電務室仍須在送譯時間欄蓋章負責。

4. 電務室收到上項來電後，應立即翻譯，並將譯畢時間記載電文上額，蓋章負責。

5. 電務室將來電譯完後，仍送沈參謀，沈參謀將收到時間記入稽核表之呈處時間欄，于三分鐘內逐呈團長核閱，並將呈出時間一併記載。

五、時間記載法，每天以二十四小時計算，並以臘戌時間為準。

六、急報，以「限即到」、「限△小時到」、「特急」，及蓋有「最速件」藍戳記者為限。

七、電話不通時，各電台收到急報，應以最快方法送至本團。

八、參謀處應指派專車一輛，專任送收急報之用。

九、每日上午九時，沈參謀應將昨日之電報收發時間稽核表，呈送團長核閱，如有不遵守規定及延誤情事，嚴予處分。

十、普通軍電之收發手續，仍沿過去慣例辦理，但不得故意延誤。

十一、凡電報不能發出而不通知參謀處，及收到急報而延擱不報請派車去取，又不專差送團者，一經查實，定予嚴懲。

十二、本規則于四月十三日上午八時零分起施行。

參謀團重要電報（急電）發報時間稽核表

參謀團重要電報（急報）收報時間稽核表

參謀團重要電報（急報）收報時間稽核表

區分＼日期	發報機關	來電號數	電台收到時間	用電話通知參謀處派車取回教原時間	送譯時間	譯完時間	譯完後呈出呈參謀處時間	備攷

參謀團重要電報（急電）發報時間稽核表

區分＼日期	收報機關	電文韻目	判行發交下時間	送譯時間	譯完時間	送出時間	電報號數	電台收到時間發電時間	電台發報班	備攷

參謀團送發電報登記表

參謀團送發電報登記表

譯電堂號數	急別	收報人姓名	日讀	字數	收到時刻 日 時	發出時刻 日 時	報務員姓名	備　　考

附記

一　為檢查容易計收發時刻用腊戈時間填記

二　凡在呈報日上午六時以前由參謀團送到之電報須一律在本表登記其未發出者應在備考欄註明原因「限〇小時到」電報未能按時發出時湏立即用電話向參謀團參謀處報告

三　本表應于每日八時前送達參謀團參謀處

民國三十一年　　月　　日上午六時　　台長

丁、補助通信

由以上所述，可知我軍在緬，幾全賴無線電通信，但無線電易被敵竊取，當然不能儘量使用，尤以呈鈞座之重要報告，及領受鈞座之重要指示，必須避免使用無線電。三月三日，鈞座在臘戌規定以三架飛機定期飛行遞送航空信箱，此後收效甚宏，直至四月廿六日向臘戌突進之敵業已到達細胞附近，尚能奉到鈞座由信箱寄來之指示。

由臘戌對前方之通信，鈞座亦規定王司令叔銘在臘戌機場準備驅逐機三架。四月十二日，因前方電話不通，曾派一架飛瓢背送信，天晚，強迫降落于瓢背以北十餘公里處，機壞，乘員無傷，此後即未向前方使用，僅間或用于後方（重慶），但試驗結果，對後方用此種飛機，使其擔任長距離飛行，反不迅速。

又臘戌、重慶間，尚另有軍郵航空，但開辦太遲，未被利用。

三月初旬，本團為謀臘戌對前方部隊及五、六兩軍互相間之補助通信起見，曾囑杜軍長設置機踏車哨，除由第五軍抽撥三輪車十輛外，並另請俞部長撥吉卜式車十輛，于三月十五日以前設置完成，爾後對于重要文件之遞送，亦獲補助不小，其設置情形如插圖第廿五。

戊、通信負責人員及通信兵部隊

在四月五日（羅長官到緬）以前，關于各種通信事務，係由本團指導王參謀長、聶特派員辦理。羅長官到緬後，四月廿二日，奉總長號參電，節開：「准交通部張部長函送中國遠征軍隨軍電政特派員服務暫行條例，並擬以聶傳儒擔任遠征軍隨軍電政特派員等由，特抄同核定條例一紙，希查照辦理」等因，于是聶特派員正式改隸長官部，惟該員僅係主管遠征軍有關長途電信一切事宜，至軍隊通信兵之統一指揮，尚屬乏人主持。本團于四月十日請派王參謀長為遠征軍通信指揮官，未奉發表，故王參謀長迄未赴長官部報到，但三月廿一日曾奉總長皓參電開：「緬通信以王、聶兩人主持即可」等因，故有關軍隊通信兵業務，本團仍責令王參謀長辦理。

此外到緬通信兵部隊兵力，則如插表第九。

插表第九　到緬通信兵團及軍政部電台兵力番號及配屬機關一覽表

區分	兵力	番號	配屬機關	備考
有線電	七排另一班	通信兵第六團第二營營部	第一路長官部	四月十七日到臘戍，四月二十日離臘赴長官部報到。
		通六團第二營第七連連部		三月十八日到臘戍，原歸軍令部通信指揮王參謀長德新指揮，四月七日改配長官部。
		通六團第二營第七連第一排		三月十八日到臘戍，原歸王參謀長德新指揮，四月二十日改配長官部。
		通六團第二營第七連第二排		三月十八日到臘，原歸王參謀長德新指揮，四月七日改配長官部。
		通六團第二營第七連第三排		仝右。
		通六團第二營第六連第二排		四月十七日到臘戍，四月二十日赴長官部報到。
		通六團第二營第六連第三排	參謀團	四月十七日到臘戍歸王參謀長指揮，擔任臘戍、美廟間線路維護。
		通六團第三營第十連第二排總機班		三月二十八日到臘戍
		通六團第二營第七連第四排	66A	三月十八日到臘戍，擔任參謀團總機。

區分	兵力	番號	配屬機關	備考
無線電	二個電台及十一個電班	通六團第二營第三班	第一路長官部	三月十八日到臘戌，先配屬參謀團，四月七日改配長官部。
		通六團第三營第五班		全右。
		通六團第二營第四班		四月十七日到臘戌，四月二十日赴長官部報到。
		通六團第二營第五班	第一路副長官部	三月二十八日到臘戌，三月三十一日到達瓢背副長官部報到。
		通六團獨立第一班		三月二十七日到臘戌，四月四日到達瓢背副長官部報到。
		通六團獨立第二班		全右。
		通六團獨立第三班		全右。
		通六團獨立第四班		全右。
		通六團獨立第五班		全右。
		軍政部第三報話台	參謀團	三月六日到臘戌，三月十四日起配屬本團工作。
		通六團第二營第七班		三月二十八日到臘戌，四月七日起配屬本團工作。
		通六團第三營第四班		三月十八日到臘戌，三月二十一日起配屬本團工作。
		軍政部第三十四軍用電台	駐印緬軍事代表辦事處	二月隨侯代表到美廟。
附記				

所見

一、我軍在緬作戰，關于有線電通信，實為英方所扼，對長途電話之使用，縱使我守機兵及話務員均能適時到緬，恐亦不克如意通話，蓋英緬總司令部駐于美廟，必

須占用美廟至曼德勒之一段線路，以便通于西路方面，戰局愈逆轉，彼愈須時刻指導西路英軍，則其占用之程度亦愈大，我雖有守機兵及話務員分駐各局，但彼未將線路及機器交我管理，我駐局員工亦無能為力。試觀胡敦參謀長答覆侯代表之公函，聲明「華方所派助理員不得干涉電報線技術方面之事宜」，即可知其對于線路機器不肯放鬆，除非英緬軍總司令部移駐曼德勒或敏揚，俾中英兩軍各用一線，然後我之電話始得暢通，但事實上不能請英方如此辦理。至于有線電報，亦屬同樣情況，縱使我有報務員分駐各局，亦不能使其讓出機器由我工作，僅可于發現我軍電報時，催其速發，或代為收送，以資便捷而已。基此經驗，爾後如再與同盟軍在一個戰場上聯合作戰，假定戰場在外國，則我軍必須交涉獲得專用話線，如其戰場在我國，我亦必使友軍獲得專用話線，雖萬不得已而共同使用一線時，亦必使友軍通話便利，以免誤人誤己。

　二、毛奇、羅衣攷、雷列姆、臘戍公路，為我在緬作戰所由失敗之一路，此路不通電報、電話，三月廿日本團通信會議，明白指出其危險性，令聶特派員根據中緬印通信會議議決案，催促英方趕架臘戍、雷列姆段，及雷列姆棠吉段，並決定自己架設棠吉經羅衣攷至毛奇段。查臘戍、雷列姆段，工程原大，緩不濟急，其未能架設以應戰機，尚可原諒，但雷列姆至棠吉距離甚短，且有電報線桿可資利用，何以此一段之電話線亦不架設。退一步言，既不架設電話線，即應給我軍以報線通話之便利，乃英方允

我于棠吉、雷列姆、景東報線通話，而終未能通話，以致後來毛奇方面之情況不克迅速傳達于後方，假定英方能使雷列姆、棠吉報線通暢電話，則毛奇方面之情況達到甘軍長時，甘軍長立可報告瓢背杜副長官，杜副長官又立可詳詢一切，而迅速轉報羅長官，如此，則何至發生錯誤之處置，造成重大之失敗。又如英方能使雷列姆、景東報線暢通電話，則景東之九三師主力何至遲遲不能到達，縱使運輸工具不足，亦可因電話之暢通而明瞭情形，速謀救濟也。再就線路位置言，自瓢背、他希以東經棠吉、雷列姆至景東之報話線，盡在我軍範圍以內，英軍毫無用處，在情理上應即交與我方管理，並由我改為話線，以利軍訊，然而我之長途電信人員（包括電報、電話），終緬甸戰役，迄未到達，縱使英方願交，我亦無法接管，故雖云我被人誤，亦屬自誤。

　　三、至于軍用無線電，則純為我自己之通信網，完全與英方無關，我電台雖不甚多，亦勉足敷用，如此而電報遲到，實應自負其責。依此次經驗，所有電報遲到之原因，不在實行發電之際，而在發電之前與收電之後，層層手續，層層延擱，加以電台積壓電報甚多，今日發前日之報，明日發昨日之報，于是終無一個新報可以立刻到達，此等現象，恐不限于緬甸作戰。本團參謀處所研究之改善收發規則，已試行有效，我軍事機關及部隊，似均可採用之。

第四節　地圖

　　當我準備入緬之際，第五、六兩軍各部隊，均紛向本團請領大梯尺緬甸地圖，當時本團所有者僅二百萬分一中文緬甸全圖數份，此外另有駐昆英領事所送一英寸比十六英里之英文緬甸撣省部（按即本報告所稱景東地區）簡圖卅餘份，既不適用，亦不敷用，乃電請軍令部發給。但軍令部亦僅有二百萬分一及一百萬分一中文圖兩種，均屬小梯尺，此外並無大梯尺，且以上兩種地圖，係本團業已入緬之後，始由貴陽領來趕送臘戍者，此時前方業經開始作戰，故我入緬各部隊所用地圖，均係英方所發英文原圖。查英文原圖，計共有二百萬分一、一百萬分一、一英寸比四英里、一英寸比二英里、一英寸比一英里各種，其中一英寸比一英里者，約等于六萬三千分一，最合于師以下之用，但我向英方索圖，頗不容易。本團在緬，最初僅得有二百萬分一及一百萬分一兩種各數份，此種地圖，僅可依所現交通狀況，決定戰略性質之問題，例如決定會戰地，但會戰地之決定，必須同時考慮該處地形對于戰術上所發生之關係，否則將演成一種無把握之會戰，因此應再有大梯尺地圖供我作局部地形之研究。經屢囑侯代表向英方索取，乃于平滿納會戰阻擊兵團戰鬥開始之後，始得到一英寸比四英里及一英寸比一英里兩種，仍殘缺不全，至于前方部隊所得大梯尺地圖，則僅限于其所在地區及運動地區

之一帶，故我軍在緬作戰，對于地圖領用方面，實大感困難。

　　除上述困難外，尚有一連帶發生之煩難事件，即我軍作戰各部隊，既盡係使用英文原圖，于是對于地名譯音，漫無標準，各依其原籍省份之口音而譯成，尤以兩廣口音所譯地名，假使未註原文，則頗費猜想，且有對同一地名，今日所譯與昨日所譯不相合，此部所報與彼部所報又不相合，雖令附註原文，但原文字母一錯，亦難于查考，竟有考慮數小時而仍不能確定其為何處者，荒時廢事，莫此為甚。迨本團所領一百萬分一中文圖到緬後，立即分發，並立電各軍特別注意，凡譯報地名，在此項地圖上所有者，必須照此翻譯，此後閱讀戰報，比較少費時間，但此圖梯尺仍小，地名不多，有時僅可用為座標，仍不能十分減少其煩難（按本報告各章所列地名，均已加以考證，比較統一）。

　　前方使用地圖，既成如是情況，則後方之困難，想必更甚。查後方只有二百萬分一及一百萬分一中文圖兩種，此兩種地圖所譯地名，各大部分迥不相同，而且對于極重要之作戰路線，即同古、毛奇、羅衣攷、雷列姆、臘戌公路，在二百萬分一圖上，只有同古至湯東一小段，另在農巴勒經雷高（即羅衣攷）至河邦畫有支路符號，而此支路符號中間又有一大段為驛馬大路符號，總之在此項地圖上同古、毛奇、羅衣攷、雷列姆、臘戌根本不通公路，至于百萬分一之中文圖，則並公路之痕

跡亦屬無有，而且現示此一帶地形盡為山嶺叢雜之區，據此地圖閱讀報告，當然不易明瞭前方之實況。我軍令部及侍從室賀主任均屢電索取各種梯尺之英文原圖，但均未辦到，迨臘戌失陷之前一日，本團參謀處聞英方有地圖一庫將點火焚燒，立派卡車三輛前往搶運，一齊搶完，共六十四大箱，運回昆明，已奉令交與昆明圖站接收矣。

所見

　　一、地圖對于作戰之關係甚大，在軍隊實行作戰地區，而無譯成本國文字之完善地圖，苟非各級幹部盡屬精通外國文者，則其在作戰所發生之無形損失，實不可以估計。

　　二、庇尤河前哨戰，我第五軍騎兵團于敵少尉畿部一往屍身上所檢獲之日文地圖，實比我之中文地圖為甚佳，我軍今後如尚有反攻緬甸或進出泰越以協助同盟國作戰之必要時，對于地圖，似應早為準備，不可再用老圖搪塞，貽誤作戰。而本團參謀處所搶回之緬甸地圖六十四大箱，尤宜早為整理，翻譯印製，存儲備用。

第五節　翻譯

我軍入緬作戰，翻譯嚮導絕不可少，但事前原無此項準備，臨時調用或從事考取，頗非易事，又除英語翻譯外，尚須泰緬土語翻譯，俾免與當地人民發生隔膜，並便充作嚮導，搜集情報。當時中央選派困難，遂對英語翻譯，決定配屬名額，除選派之外，其不足者，准予自僱，至土語翻譯，則以僱用當地華僑為原則。二月九日，本團所知第六軍一部所有翻譯人員如插表第十。

爾後第五軍入緬，係自僱翻譯，第六六軍主力及新廿九師，以入緬太急，團以下均無翻譯，至于土語翻譯，則各部均感缺乏也。

所見

一、我軍翻譯不足，尤以缺乏土語翻譯，在作戰期間，軍隊行動雖未因此迷失方向發生錯誤，但對當地土民之撫慰及情報之蒐集，不無影響。

插表第十　軍事委員會配屬出國部隊翻譯人員一覽表

三十一年二月九日

駐滇參謀團一科調製

		6A								5A
	番號	軍部	49D					暫55D	93D	劉支隊	
隨軍翻譯人員	需要員額	三	五					五	四	二	尚未奉派
	現有員額	一	五					無	一	二	
	姓名	戴新泉	黃維	苗力田	廖可兌	胡蔚岑	汪應松		吳超	戴傳芝　呂學忠	
	任務	隨軍運動任英語翻譯	仝右	仝右	仝右	仝右	仝右		仝右	仝右　仝右	
	備考	甘軍長自僱	請由黃仁霖撥派						桂林李主任介紹	軍委會外事局派出　軍委會外事局派出	

附記	一、需要員額，係甘軍長提出最低限度之請求，中央並無規定。 二、待遇，每員擬暫定為月薪國幣肆百元，出國後，其加給辦法，擬比照校官每員每月另給緬幣五十盾。 三、甘軍長稱：如中央派遣翻譯人員困難時，擬請准自僱。 　　以上二、三兩項，已電中央請示。 四、本表所列，全為英語翻譯，至緬泰土語翻譯，擬僱用當地華僑，但僱用辦法及待遇等，尚未蒙規定。

第六節　政治工作

　　我軍在緬作戰期間，就交通言，于軍隊前進之際，則有前方兩條鐵路碰車，于軍隊後退之際，則有後方兩條鐵道碰車，于情況緊張正需運輸力量之際，則員工逃亡。就通信言，平滿納會戰我阻擊兵團之戰鬥甫經開始（四月六日），瓢背、臘戍間之電話即不通，迨四月十二日以後，竟永遠不通。就其他情況言，敵機轟炸曼德勒，則緬僧乘亂放火，敵在細胞、平滿納、葉尼各附近降落奸細，我迄未拿獲，西路敵軍進攻普羅美，而普羅美、斯維當之緬民幾全部參加敵軍作戰，並威脅英軍團部所在地之阿藍廟及蔡耶特模，東路敵軍突破羅衣攷，而棠吉發生暴動，該敵進攻猛旁，而雷列姆陷入混亂狀態。凡此種種，除電話不通大部分原因為英軍占線外，其餘一切，若不欲謂為敵之政治工作，則其發生之時機與地點，何以與敵軍作戰行動配合如此之巧，至于前方戰鬥之際，有緬奸為敵帶路，猶可謂係臨時強迫，但在我聯合軍之後方，非有大規模之組織及發縱指使者，不能有如是切合作戰之效果也。

　　反觀我方之政治工作則何如，不但未見效果，而且迄緬甸戰役已屆失敗為止，我遠征軍之總政治部並未成立，所有中央派駐緬境各黨政機關並未統一，中間王芃生同志曾奉派到緬，但亦僅與緬甸政府中人及緬北各土司有數度之接洽，並發出一種反侵略宣言而已，此外並

無何種實際行動可言也。然既未集中力量，發生組織，以彼一人，亦僅能作到如此程度，至于軍隊政工人員，均係在軍隊所到之處有所活動，限于局部地區，而且其主要工作為在我軍範圍以內慰問緬民，對于作戰行動之幫助，收效不宏。

所見

　　一、我軍因對盟友關係，不能宣傳解放緬甸，敵則可以讋（編按：「讋」通「偽」）言扶助緬人獨立，以博取緬民之歡心，因之宣傳工作，敵先勝我一籌。

　　二、在組織方面，敵有德欽黨供其利用，無孔不入，我所借助者，僅為緬甸政府，而自己之實力，則為華僑勢力。查緬甸政府有無力量，及緬民對彼之信仰如何，姑不具論，僅就華僑勢力言，其數目原屬不少，但多年來實未嘗注意如何準備用以幫助軍事，凡敵軍所到之處，均儘量向後撤退，及我軍入緬，臨時組織，已嫌太晚，且係組織于我軍之後方，對敵人後方難以發生作用，再加集團居住，目標顯然，而華僑中亦賢愚不等，其少數無知者，轉以以為得有所恃，滋生事端，在臘戌區內，已數見不鮮，轉惹緬民反感。

　　三、基于此次經驗，今後對國內外戰地政治工作，除普通宣傳及普通組織外，似必須預先確實規定其應當發生組織之地點，及應當準備之行動，而行動之準備，尤須使其臨時能對我軍作戰路線發生重大關係，乃有效

力，至于戰地高級指揮官，既到戰場，即應就我作戰計
畫上尤其作戰路線上所需要之政治助力，預定各階段發
動時期，授與政工負責人員，以消極方面與積極方面之
各種確實任務。同時政工負責人員，亦應恪遵軍事長官
之指示，依戰事之發展，逐一向指定目標展開行動，尤
以對敵後之積極行動，其配合之密切，須正如此次敵人
之所施于我者，方可謂為盡其能事也。

第七章　結論

　　所有緬甸戰役失敗原因及優劣各點，已于前列各章各節陳述所見，原不必再有贅言，但未為前述所包括者，尚有數端，敬再陳如下：

一、將來反攻緬甸須先將該地交涉劃入中國戰區

　　此次緬甸戰役，事前未將緬甸劃入中國戰區，實為一切失敗原因之起點。緬甸為我唯一國際交通線，對我支持長期抗戰之關係太切，在我必須盡力保護，但英國之視緬甸則不同，其所取政策，似為可能保護即保護之，如不可能，亦不必盡最大之努力，以免因此消耗其尚可留以用于另一重要戰區之軍隊。夫雙方之根本政策既不相牟，則作戰方針自必各異其趣，而軍隊部署及軍隊行動遂難免不有各行其是之現象矣。假定緬甸劃入中國戰區，則我對緬甸有作戰責任，一經發現敵情，我軍立可趕速入緬，一切坐作進退，既不必一一商諸英方而後行，亦不至已行而復變，如此，則作戰比較簡單，部署比較容易，假如英軍另有任務，亦不難向我明言，當不必自以為有絕對責任，而對我含混到底，致使我在每一階段之決心處置，皆將英軍計算在內，竟構成一種最不堅實之基礎也。基此教訓，故將來反攻，必須首先力爭戰區區劃問題，俾免再蹈前轍。

二、用兵與練兵

考諸戰史，凡聯合軍作戰，往往有其重心，此重心之所在，苟能獲一勝利，則友軍之怯者可復變為勇，反是，則友軍之勇者可復變為怯。我軍入緬，無論在兵力上及作戰意義上，皆應自視為聯合軍之重心，宜如何服膺鈞座不輕進、不輕退之指示，選擇戰地、戰時，持滿待發，以期必勝。雖云內在之困難甚多，英軍之戰意消沉，而英軍之行動尤難固定，然善用兵者，每于極困難之環境中，輒能下至當之決心，行機敏之處置，布一子之勝著，改全局之形勢，而我軍在緬，為達成聯合軍之作戰目的起見，尤不能不于萬難中設法求一勝利，以振起英軍之士氣，挽回緬甸之頹局，乃前方缺乏此種著眼，于進退之機，頗欠考量。當進軍時，既不欲在曼德勒會戰，又無術實現其所決定之同古決戰，最後更無勇氣貫徹平滿納會戰，徒使主力軍（第五軍）之三個師逐次當敵，逐次消耗，不但終無勝著，而且終未決戰，至今英軍方面恐尚不免發生一種竊幸早退之觀感，尤以忽視東路危機，自陷于不能挽救之境地，更屬失算。至于退軍之際，既不轉攻臘戍，又不速退八莫、密支那，危險情況時刻加重，而猶至曼德勒附近猶豫數日，無所作為，以致主力軍之後路完全被敵遮斷，而滇西亦隨之淪為戰區，此種情形，雖不欲謂為用兵不善，不可能也。然則戰鬥成績如何，第五軍之三個師，每師均在不同之地點單獨與敵激戰八至十日，均未被敵擊破，比之臘戍、新威、貴街、畹町等處之戰鬥成績，高出甚遠，

此等戰鬥力，殊堪嘉許，假使善于運用，必可擊破敵之一路，而使緬局改觀，定無疑也。查戰鬥力之所以產生，一為裝備、一為訓練、一為統御，而統御之大部分實包含于訓練之中，第五軍之裝備雖較他軍為佳（特種部隊特別多），然訓練亦實較他軍有特別認真之處，其軍隊之戰鬥技能，比訓練未佳之部隊高出數倍。竊以為凡屬軍隊，必須先有戰鬥力，然後乃可以言戰術，若軍隊之戰鬥不能懲創其當面之敵，則戰術等于空虛，戰術不能解決局部現地問題，則戰略等于空虛，故平日侈談戰略、戰術，而不注意培養並增高其軍隊之戰鬥力者，每戰必敗。然軍隊已有相當戰鬥力矣，而戰場統帥無正確之決心及適切之處置以指導之，則戰士之生命，亦等于虛擲。我國抗戰，已逾五年，今後為求迅速完成抗戰大業起見，于選將之道，似應定一標準，即對集團軍總司令以上，應注重選擇用兵之將，對軍長以下，應注重選擇練兵之將。

三、作戰準備工作

我軍此次遠征，對于作戰攸關之一切重要事項，可謂無一先有準備，而臨時復未能迅赴事機，如本報告第六章所述，然此尚屬于有形方面者。至于無形方面，如何使我作戰部隊之幹部預先熟知緬甸戰場上之一切事物，則不但完全未作，且並預先研究之地圖亦屬無有。查敵在馬來亞作戰，進展非常順利，以馬來亞氣候之惡

劣，地形之特殊，人種語言習慣之迥異，敵軍初履該地，
並非如我軍到緬有平時駐防該地之英軍為之先容，何以
能在叢林密箐之中，長驅大進，勢如破竹，吾人對此事
實，苟予以研究，即可斷定絕非單純依賴嚮導間諜所能
造成如此現象者。必其參謀本部將歷年調查之敵情地形
及一切有關作戰事項之情報，製成簡明圖表，並製有完
善地圖，交與準備出征之部隊，使該部隊于極端秘密之
下，召集各級重要幹部，根據所得材料，施行多次圖上
對抗演習，甚至該批敵軍于進屯越泰之際，尚不斷施行
對馬來亞作戰之圖上演習。所有馬來亞之氣候、地形、
交通、人種，與乎英軍兵力、部隊、番號、長官姓名、
編制裝備、配備狀況、習慣戰法、防線位置、工事強度，
以及將來可能之增援等等，莫不以實際情形為對像，預
想戰役經過之各時期，及其可能之變化，擬出各種想定，
在圖上經過多次演習。一旦實行作戰，則各級幹部雖係
初履戰地，但對所遇之敵，如逢熟敵，對所經之地，如
遊熟地，一切接觸之事物，以及遭逢之情況，均能引起
回想，縱有意外事變，或身處素所未習之環境中，而成
竹在胸，亦能應付裕如矣。我軍對于此項工作，尚未注
意，雖屆臨戰之前夕，亦鮮有于百忙中在可能情況下，
召集所屬幹部或親赴部隊所在地，展開地圖，詳細指示
敵情地形，告以自己之作戰思想，並徵詢幹部之意見者。
夫作戰原為一種熱情活劇，若思想不融會，則意志不貫
通，僅恃一紙簡單命令，而希望全軍在整個複雜戰鬥經

過中一切活動悉合機宜，縱使軍官教育程度均屬良好，亦難辦到，況我軍幹部教育程度，目前尚不整齊乎，故今後對于上述方法，亟宜採用。

四、保持流血代價

自緬甸戰役失敗後，論者有謂我軍當時可不必入緬者。查緬甸地理位置，介于泰、印之間，不但為我國尾閭，且對越、泰、印均有連帶關係，我欲保持中印新國際路線，並準備驅逐泰、越之敵，均不能不入緬協助英軍作戰，目前雖已失敗，然仍有其代價存焉。提高同盟國道義一也，取得聯合軍作戰經驗二也，于戰勝後和平會議席上可使友邦尊重我對緬甸問題之發言權三也。惟屆時我如在國外無兵，則所言或不足重，而我今日之流血代價，或竟隨流光而長逝，亦不可知。故將來世界戰局好轉，同盟國反攻南洋之際，我軍必須把握時機，反攻緬甸，並乘勢驅逐泰、越之敵，然後方足以揚我國威，張我國權。但鑑于此次出國作戰之百事不齊，似應指定機關，早為秘密準備，而準備工作，尤應根據此次經驗及所遭逢之一切困難，從事研究，以期毫無遺憾。至于遠征軍負責長官及其重要幕僚，亦宜預先秘密指定，並由統帥部密頒遠征方略，使其根據方略，常常施行戰地圖上對抗演習，如此，則不但有形方面之準備事項可臻完善，而將來擔任遠征之負責長官及其重要幕僚，亦可先對戰地一切情況瞭如指掌，于是反攻勝利，當較有把

握矣。今查我在滇各軍，應有兩種任務，即時機未到，
應為防護雲南；時機已到，應為出國遠征。惟鈞座圖之。
上陳是否有當？敬乞

鑒核　謹呈
委員長蔣
職　林蔚

插圖

插圖第一　第六軍最近行動要圖　三十一年二月九日

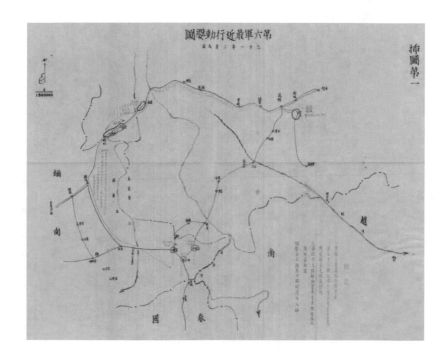

插圖第二　第五軍最近位置要圖　三十一年二月九日

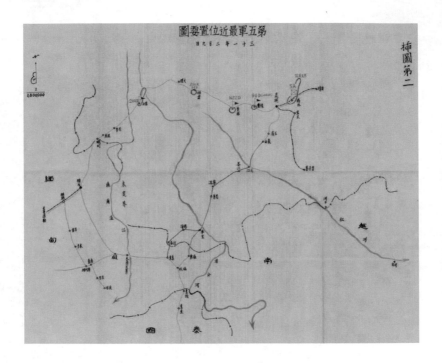

插圖第三　緬泰方面友（英）軍與敵軍態勢要圖

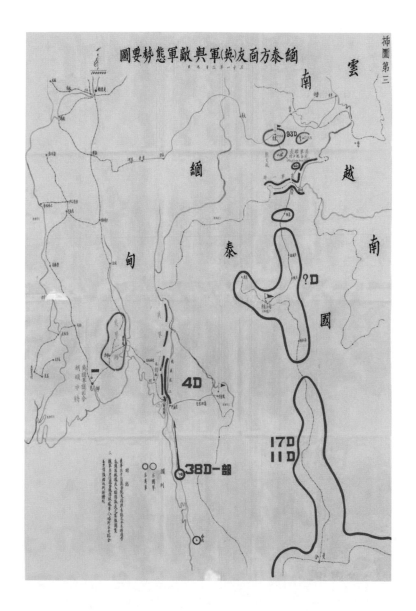

插圖第四　胡敦司令對我入緬軍預定部署要圖

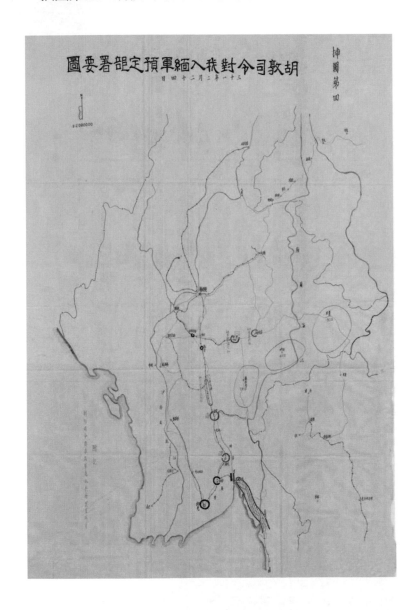

插圖第五　二月二十七日　我入緬軍預定部署要圖

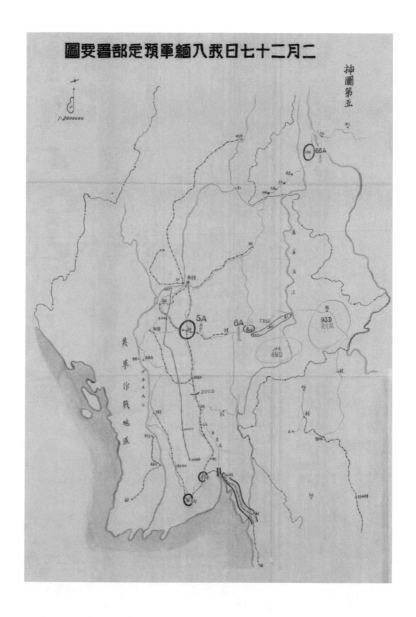

插圖第六　緬甸方面敵我情況要圖

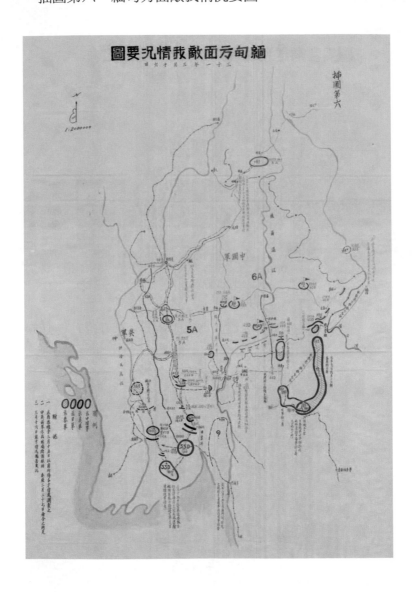

插圖第七 三十一年三月二十日 第五軍騎兵團在庇尤
作戰所獲敵軍作戰要圖

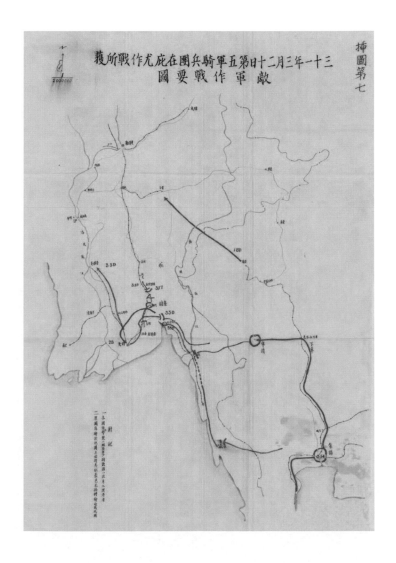

插圖第八　遠征軍第一路司令長官司令部作戰指導要圖

三十一年三月十八日

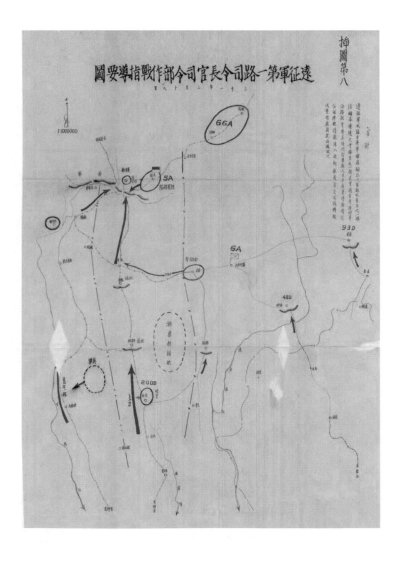

插圖第九　同古附近出擊部署要圖

三十一年三月廿三日

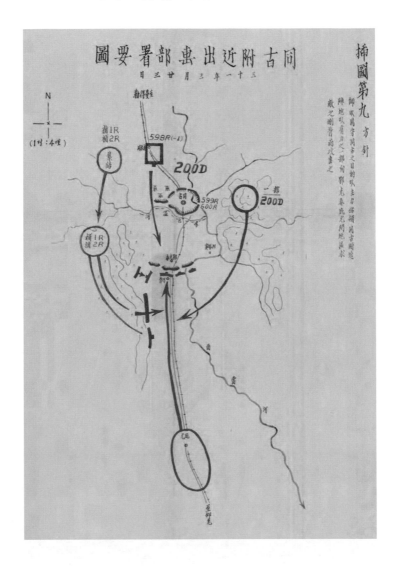

插圖第十　英軍總部三月三十日情報要圖

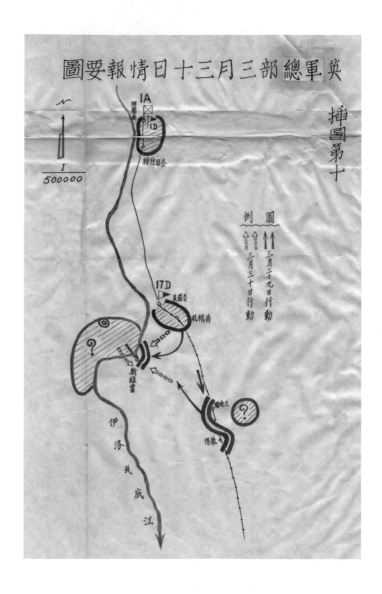

插圖第十一　緬甸方面敵我態勢要圖

三十一年四月四日

插圖第十二　　阿蘭廟方面英軍情況要圖

卅一年四月五日十二時

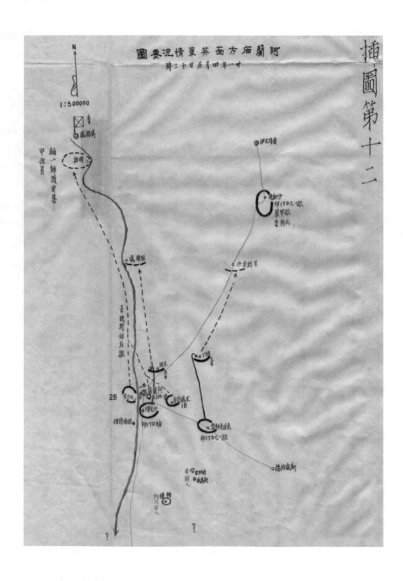

插圖第十三　四月六日　英軍預定今後部署要圖

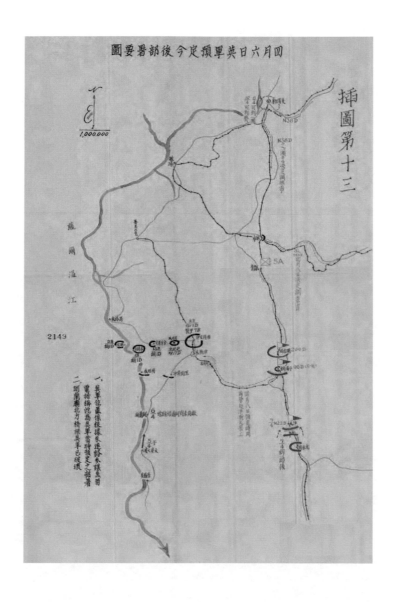

插圖第十四　毛奇羅衣攷地區暫五五師部隊位置要圖

三十一年四月十一日

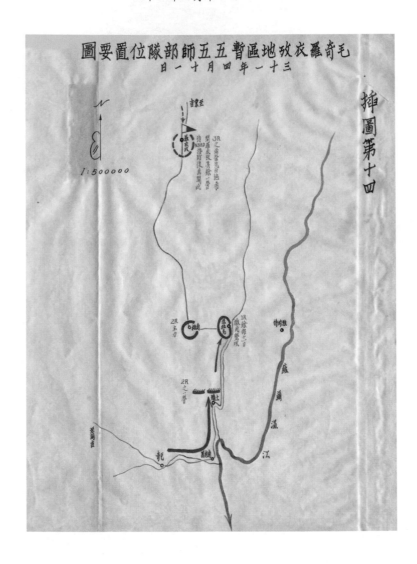

插圖第十五　　阿蘭廟唐得文伊方面英軍情況要圖

四月十二日

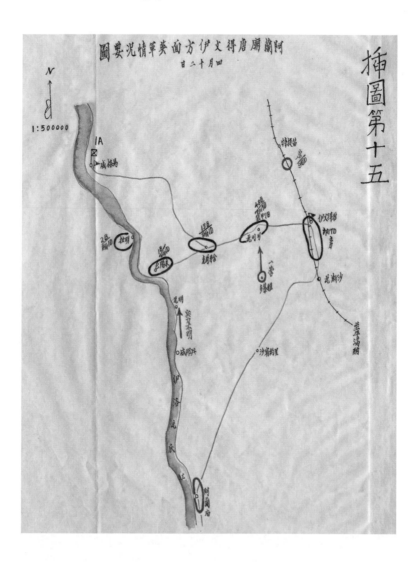

插圖第十六　四月十三日　所知伊洛瓦底江方面情況要圖

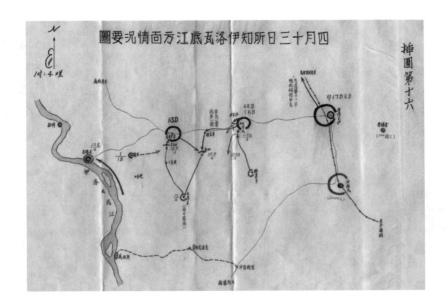

插圖第十七　　第五軍平滿納附近決戰部署要圖

三十一年四月十二日

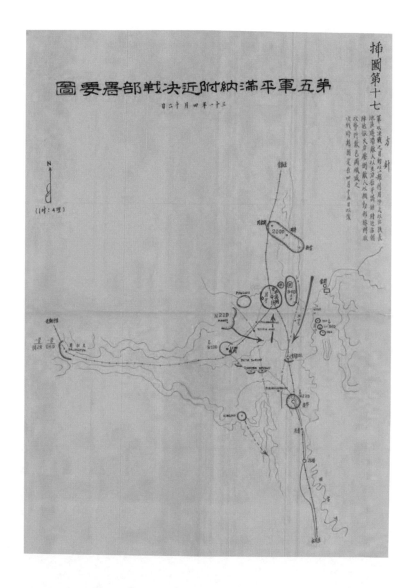

插圖第十八　　陸軍第五軍平滿納附近工事構築計畫附圖

三十一年四月十一日

插圖第十九　「タマチ」（太馬欺）附近集結位置要圖

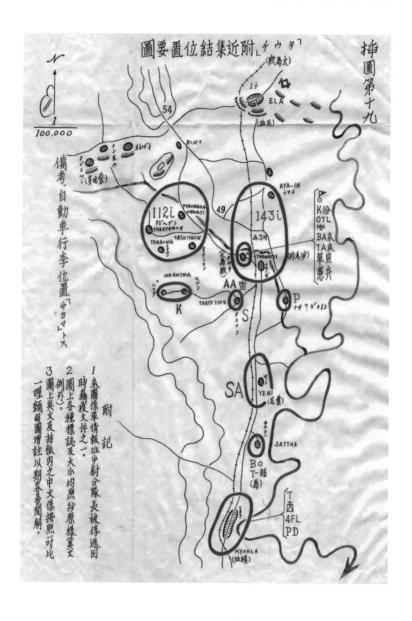

插圖第二十　四月二十五日　雷列姆方面情況要圖

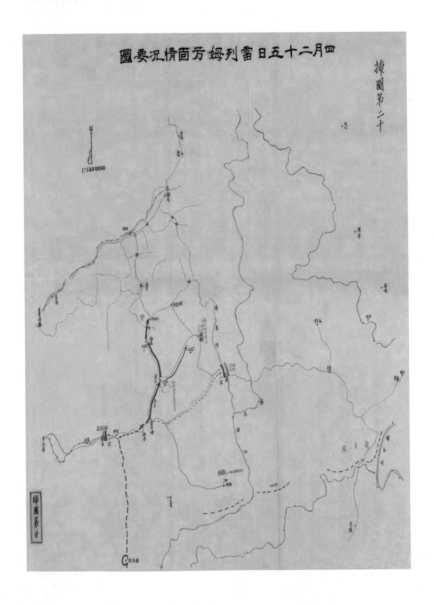

插圖第二十一　六月二日　第六軍位置要圖

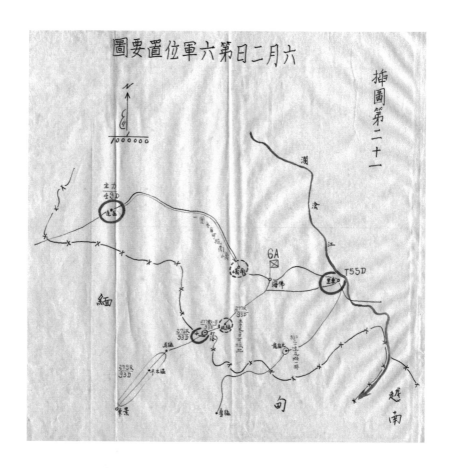

插圖第二十二　美廟中緬通信會議議決案附圖

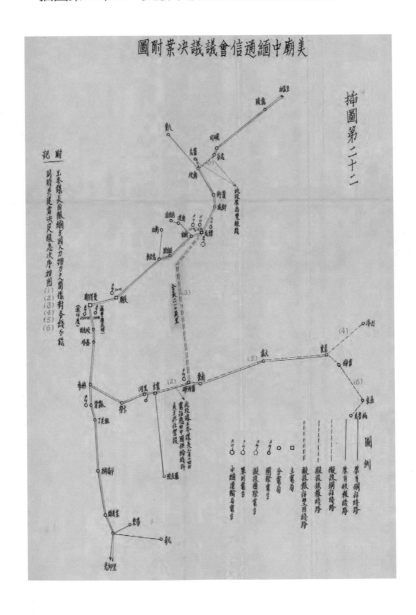

插圖第二十三　三月二十日　所知緬甸有線通信現況要圖

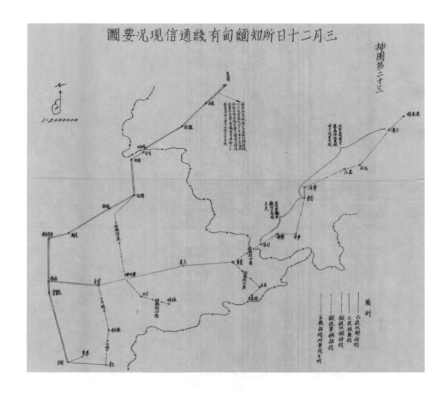

插圖第二十四　緬甸電話網要圖

（一九四一年三月三十一日修正）

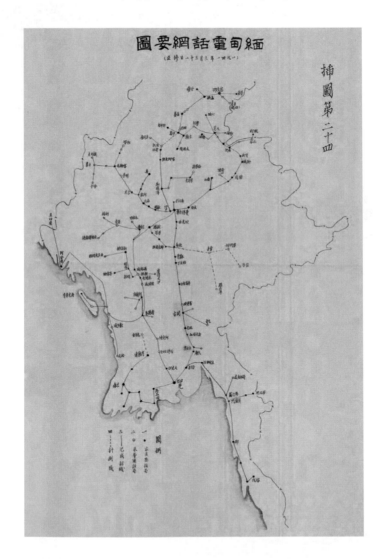

插圖第二十五　臘戍──同古、雷列姆、他希間機踏車
傳遞哨配置要圖

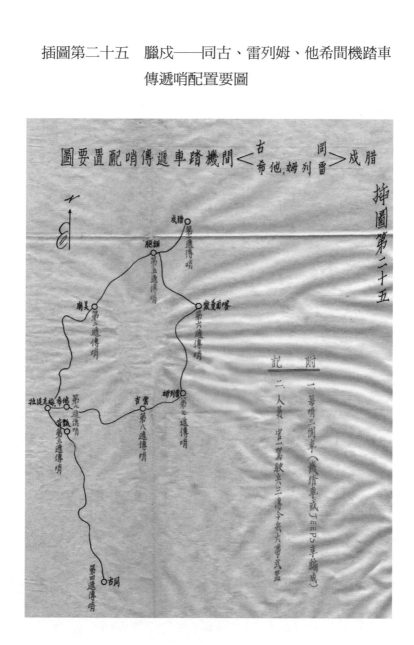

第一次緬甸戰役地圖

（繪製／溫心忻）

民國日記 02

林蔚文抗戰遠征日記
（1942）

The Expedition Diaries of General Lin Wei-wen, 1942

原　　著　林　蔚
主　　編　蘇聖雄
總 編 輯　陳新林、呂芳上
執行編輯　李佳若
文字編輯　林弘毅、盤惠秦
封面設計　陳新林
排　　版　溫心忻

出 版 者　　開源書局出版有限公司
　　　　　　香港金鐘夏愨道 18 號海富中心
　　　　　　1 座 26 樓 06 室
　　　　　　TEL：+852-35860995

　　　　　　民國歷史文化學社
　　　　　　10646 台北市大安區羅斯福路三段
　　　　　　　　　37 號 7 樓之 1
　　　　　　TEL：+886-2-2369-6912
　　　　　　FAX：+886-2-2369-6990

銷 售 處　　源流成文化 股份有限公司
　　　　　　10646 台北市大安區羅斯福路三段
　　　　　　　　　37 號 7 樓之 1
　　　　　　TEL：+886-2-2369-6912
　　　　　　FAX：+886-2-2369-6990

初版一刷　2019 年 8 月 25 日
定　　價　新台幣 400 元
　　　　　港　幣 110 元
　　　　　美　元　14 元
I S B N　978-988-8637-09-6
印　　刷　長達印刷有限公司
　　　　　台北市西園路二段 50 巷 4 弄 21 號
　　　　　TEL：+886-2-2304-0488